Vincent Kluwe-Yorck • Kleines Angel-ABC

Gewidmet
meinen kleinen Freunden
Dustin LeMarque,
Daniele und Davide Desole,
Omar La Spada
und Alexandra

Vincent Kluwe-Yorck

# Kleines Angel ABC

Müller Rüschlikon

Umschlaggestaltung: IMAGO, CH-6302 Zug

Umschlagfoto: Peter Tiefenbacher

Text und Inhaltsfotos: Vincent Kluwe-Yorck
Für ihre Hilfe bei den Fotos danke ich herzlich
meinen Freunden Frank Hannemann und Alex Koss

ISBN 3-275-01262-0

2. Auflage 1999



Herstellung: Hermann Lambrecht
Satz und Lithos: Tipografia Grafica Bellinzona SA, 6702 Claro,
Druck und Bindung: Slovart Print, SK-83403 Bratislava
Printed in Slovakia

# Inhalt

## ***Einleitung:***
## *Warum wir angeln*

Angeln ist ein vielseitiges Vergnügen. Es hat uns mehr zu bieten als fast alles andere, was wir in unserer Freizeit unternehmen können. Dabei bringt es uns der Natur näher mit ihrer Vielfalt der schönsten Pflanzen, Vögel, Landtiere und dem Leben im Wasser. Es führt uns aber auch vor Augen, wie bedroht unsere Umwelt ist – und sei es nur, daß wir uns über die unzähligen Spuren der Zivilisation ärgern, die unachtsame Mitbürger in Form von Abfall hinterlassen haben!

Es ist faszinierend, morgens am Wasser zu sitzen und den erwachenden Stimmen der Natur zu lauschen. Als Angler «mitten drin» zu sein. Und als ein weiteres Lebewesen im Lebenskreis der Tiere in deren unmittelbarer Nachbarschaft dazuzugehören. Jeder Arzt wird bestätigen, wie erholsam solch ein Tag am Wasser ist – und ganz besonders für gestreßte Großstadtbürger!

Und die Jugendlichen, die früh in ihrer Kindheit den Weg zur Natur finden: ihnen bleibt das trübe Schicksal ihrer vielen Altersgenossen erspart, die ihre Freizeit übersättigt und gelangweilt auf den Straßen verbringen und dort oft genug zu Problemfällen werden!

Es gibt weltweit mehrere Untersuchungen, die belegen, daß Angler

*Der Autor bei seiner Lieblingsbeschäftigung.*

ausgeglichener sind als andere Menschen, weniger zu Gewalttaten neigen und Anglerfamilien stabiler und haltbarer sind. Naturerleben als Angler ist Entspannung und Erholung für Körper und Geist!
Aber auch für den Naturschutz bedeutet die Schar der Angler wertvolle Hilfe. Oft genug sind Angler die ersten, die bemerken, wenn am Wasser etwas nicht stimmt: wenn z.B. durch einen Rohrschaden oder eine unerlaubte Einleitung Schadstoffe in das Wasser gelangen und es darum geht, schwerste Schäden an der Natur zu verhindern.
Und oft genug sind es dann Angler, die wissen, was zu tun ist und die als erste helfen, den Schaden möglichst zu begrenzen. Und jeder Angelverein führt regelmäßig Reinigungsaktionen an den Ufern durch, um die Müllberge, die so häufig von Nichtanglern verursacht worden, zu beseitigen. Ungezählt sind die Millionen Arbeitsstunden, die Angler unentgeltlich leisten, um vernachlässigte oder zerstörte Naturräume wieder herzustellen und in kleine, paradiesische Biotope zu verwandeln!
Wissenschaftler wie Vogelkundler (Ornithologen) und Fischkundler (Ichthyologen) wissen die detaillierten Auskünfte über Vorkommen und Bestand vieler Vogel- und Fischarten zu schätzen, die sie gerade von uns Anglern erhalten, da wir ja bekanntlich die ersten sind, die es unermüdlich schon vor Sonnenaufgang an die entlegensten Gewässer zieht. Und es gibt sehr viele Angler, die einen interessierten und oft genug auch fachkundigen Blick für die gesamte Tier- und Pflanzenwelt haben und sich an dem munteren Treiben der Tiere in Feld und Flur erfreuen! Es dürfte klar geworden

*Blankes Silber – eine schöne Strömungsplötze.*

sein, wie wertvoll das Angeln für den einzelnen und auch für die Allgemeinheit ist. Genießen wir die Freude an unserem sinnvollen und friedlichen Hobby. Hoffen wir, daß auch die wenig kompetenten Stimmen, die in den letzten Jahren die Medien benutzen, um die Öffentlichkeit gegen uns Angler aufzuwiegeln, irgendwann ihren getrübten Blick verlieren und begreifen, wie nützlich unser Hobby auch ihren Interessen ist!

***Tip:*** Um mit den nachfolgend beschriebenen Angeltechniken erfolgreich zu sein, sollten Sie Ihre Aufmerksamkeit während des Fischens auf Ihre Rute konzentrieren, wenn Sie einen Fisch überlisten wollen! Zwei verschiedene Methoden mit der gleichen Konzentration zu fischen, ist technisch nicht möglich. Das ist der Grund, warum Sie wirkliche Könner oft mit nur einer Rute am Wasser beobachten können, mit der sie mehr fangen als andere, die einen «Rutenwald» aufgebaut haben! Probieren Sie es selbst – Sie werden feststellen, daß Sie Bisse in der Regel nur dann bekommen, wenn Sie eine der Ruten aktiv und mit Überlegung fischen – jede andere bleibt meist unberührt!
Und zu Ihrer Beruhigung: wenn Sie mit einer Rute konzentriert angeln – mit einer wirkungsvollen Montage und einem guten Köder – fangen Sie mit einer einzigen Rute so viel, daß Sie gar keine Zeit haben, sich um eine zweite Rute zu kümmern! Aber es gibt Ausnahmen, wo sich auch zwei oder drei Ruten bewähren können:

1. Sie fischen mit einer Posenrute und legen in der Nähe Ihrer Futterstelle zusätzlich eine Raubfischrute mit Fischfetzen oder Köderfisch aus.

2. Zwei Schwingspitzruten nebeneinander lassen sich sehr gut kontrollieren und verdoppeln Ihre Chancen.

3. Beim schweren Grundangeln werden in der Regel zwei bis drei Ruten eingesetzt, da nur vereinzelt Bisse zu erwarten sind und es günstig sein kann, z.B. zwei verschiedene Stellen zu befischen.

Unzählige Ruten endlos weit am Ufer zu verteilen, wie man es oft sieht, bringt wenig Erfolg und ist nicht zu empfehlen – meist hat der Fisch bereits losgelassen, bis Sie endlich an der Rute sind. Abgesehen davon gehört hektisches Getrampel beim Aufspringen und Sprinten (der Biß kommt immer an der entferntesten Rute!) nicht gerade zu den erprobtesten Fischlockmitteln!

## ***Die Voraussetzungen:*** *Was wir rechtlich beachten müssen*

In allen Bundesländern Deutschlands sind drei Voraussetzungen zu erfüllen, damit wir mit der Angelrute fischen dürfen. *Wir brauchen:*

1. ein Dokument zum Nachweis der bestandenen Sportfischerprüfung
2. einen staatlichen Fischereischein
3. eine Angelkarte (Angelberechtigung) für das jeweilige Gewässer.

### ***Die Sportfischerprüfung***

Um in der Prüfung erfolgreich zu sein, empfehle ich Ihnen, an einem vorbereitenden Lehrgang teilzunehmen. Die Lehrgänge dauern in der Regel etwa 30 Stunden, die sich meist auf zwei bis drei Wochenenden oder entsprechende Abendseminare verteilen.

Sinnvoll wäre es, den Lehrgang für das Winterhalbjahr zu planen. In typischen Touristenregionen werden allerdings auch Lehrgänge für Urlauber abgehalten. Das «Wo und Wann» erfahren Sie im nächsten Angelfachgeschäft oder in den Geschäftsstellen der Anglerverbände (Adressen am Ende des Kapitels). Durchgeführt werden sie von den Anglerverbänden DAV und VDSF – gelegentlich auch von den örtlichen Fischereibehörden, bzw. den Kreisverwaltungen.

Die Preise für die Kurse mit Prüfungsgebühr liegen im Mittel bei etwa 150,– DM bis 180,– DM. Das Mindestalter für die Teilnehmer liegt je nach Bundesland zwischen 12 und 14 Jahren.

### ***Der staatliche Fischereischein***

Mit dem Fischereischein erwerben wir vom Staat gegen eine jährliche Gebühr die Erlaubnis, öffentliche Gewässer anglerisch zu nutzen. Er wird ausgegeben von den Rathäusern oder von der Kommunal- oder Kreisverwaltung, von den Ord-

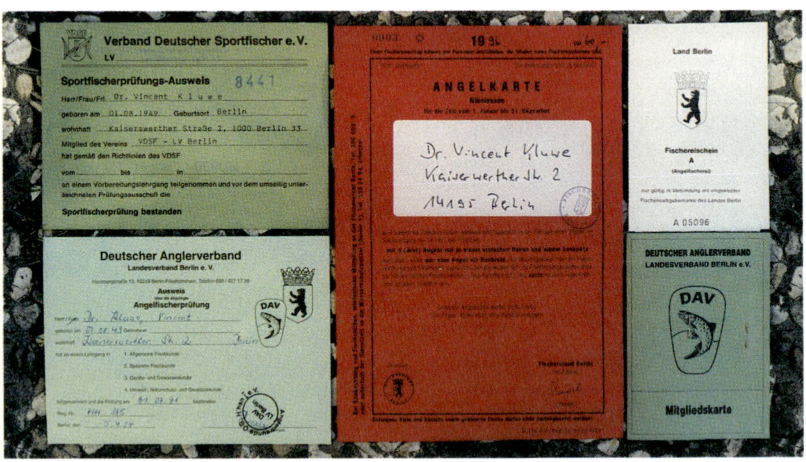


*Die nötigen Papiere: Sportfischerzeugnis, Angelkarte und Fischereischein.*

nungsämtern oder von den unteren Fischereibehörden.
Bei der Beantragung wird ein Nachweis der bestandenen Sportfischerprüfung verlangt. Das Mindestalter für die Ausgabe liegt je nach Bundesland zwischen 12 und 16 Jahren. Für Urlauber können Fischereischeine mit vier Wochen Gültigkeit ausgegeben werden. Für Ortsansässige beträgt die Gültigkeit ein, zwei, drei, fünf, zehn oder zwanzig Jahre. Die Kosten für ein Jahr betragen in der Regel 20,– DM bis 50,– DM. Darin enthalten ist häufig eine Fischereiabgabe, die den Gewässern in Form von Pflege und Fischbesatz zugute kommen soll.

### *Die Angelkarte (Angelberechtigung)*

Die Angelkarten werden gegen eine Gebühr von den meist privaten Pächtern für ein bestimmtes Gewässer ausgegeben und erlauben dem Käufer, es in dem angegebenen Rahmen zu befischen. Für Urlauber kann dies eine Tages- oder Wochenkarte sein, für ortsansässige Angler in der Regel eine Jahreskarte.
Pächter sind häufig Angelvereine, manchmal auch Einzelpersonen wie z.B. Hotelbesitzer oder Landesverbände wie im Bereich des DAV (in den Neubundesländern). Die Preise sind sehr unterschiedlich – je nach Wert und Besatzgüte des Gewässers. Tageskarten kosten in der Regel 10,– DM bis 20,– DM, können aber für ein gutes Salmonidengewässer auch bei 50,- DM liegen.
Für Urlauber ist meist eine Wochenkarte am günstigsten. Verkauft werden die Karten in der Regel in den örtlichen Angelfachhandlungen. Wenn nicht, erhält man dort aber wenigstens Auskunft, wer die Karten für das gewünschte Gewässer vergibt!

### *Schonzeiten und Mindestmaße*

Um den Fischen während ihrer Laichzeit die nötige Ruhe für die Fortpflanzung zu geben und damit die Erhaltung der Arten zu sichern, wurden für viele Fischarten Schonzeiten festgelegt, in denen sie nicht beangelt werden dürfen. Ebenfalls der Arterhaltung dient die Festlegung bestimmter Mindestmaße für viele Arten, die bei der Verwertung dieser Fische eingehalten werden müssen. Untermaßige oder in der Schonzeit gehakte Fische müssen wir schonend vom Haken lösen und sofort wieder freilassen!
Das Mindestmaß soll garantieren, daß der Fisch zur Laichreife kommt und mindestens einmal die Chance hat, für Nachkommen zu sorgen. Für einige inzwischen rar gewordene Arten wie z.B. den Hecht sind die Mindestmaße allerdings sehr eng bemessen. Deshalb empfehle ich dringend, daß Sie sich bei selteneren Arten eine freiwillige Beschränkung auferlegen und z.B. beim Hecht ein Mindestmaß von 50 cm einhalten, wie es ja auch in einigen Bundesländern ohnehin verlangt wird.
Schonzeiten und Mindestmaße variieren in den einzelnen Ländern. Sie sollten sich daher bei der Ausgabe der Angelkarte gründlich informieren lassen. Meistens bekommen Sie auf Anfrage ein spezielles Merkblatt ausgehändigt!

## *Die Natur und ihr Schutz*

***Tip:*** Als generellen Grundsatz bitte ich Sie, zu beachten: Bei jeder Angelerlaubnis, die Sie sich verschaffen, ohne die speziellen Verhältnisse an dem Gewässer zu kennen, sollten Sie sehr genau nachfragen, ob das Angeln mit besonderen Auflagen verbunden ist und wenn ja, mit welchen. Wenn möglich, sollten Sie sich ein Merkblatt geben lassen und es sehr aufmerksam studieren!

Und es ist äußerst ratsam, sich genau an die Auflagen zu halten, denn man ahnt nicht, wieviele Augen uns an einem scheinbar menschenleeren Ufer beobachten können – besonders an wertvollen Gewässern! Wir sollten immer bedenken, daß die Vorschriften in der Regel sinnvoll sind, da sie unsere Natur vor weiteren Schädigungen bewahren sollen und damit letztlich auch unseren anglerischen Interessen dienen!

*Naturschutzgebiet: Dieses Schild* muß *beachtet werden.*

Es gibt genaue Vorschriften, wie man sich in Biosphärenreservaten und Naturschutzgebieten zu verhalten hat. Diese besonderen Rechtsformen hier zu erklären, ist nicht nötig, da man Ihnen die Gebote und Verbote mitteilt, soweit überhaupt Angelkarten für diese Schutzgebiete ausgegeben werden. Kenntlich gemacht sind die Schutzgebiete durch entsprechende Zeichen, die in den Bundesländern variieren können, die aber jeweils unmißverständlich sind.

Stattdessen seien hier einige grundlegende Verhaltensweisen empfohlen, an die wir Angler *uns generell bei allen Ausflügen* halten sollten – egal, ob es sich um ein Schutzgebiet handelt oder nicht! Denn unabhängig von Schutzgebieten ist *jeder* Naturraum schützenswert!

Wir achten darauf, niemals die Ufer und Böschungen durch unachtsames und unnötiges Zertrampeln zu beschädigen. Wir brechen keine Äste ab und schneiden uns nicht Rutenhalter, die wir für 5,– DM kaufen und jederzeit wieder benutzen können, aus Astgabeln. Besonders Schilfkanten und Seerosenflächen schonen wir, indem wir ausreichenden Abstand halten. Auf keinen Fall schlagen wir Schneisen in Uferröhricht – der nächste freie Angelplatz ist garantiert nicht weiter als 300 m entfernt!

Wir hinterlassen als vorbildliche Angler nicht das kleinste Schnipselchen Papier! Es ist so leicht, eine Plastiktüte mitzunehmen, in die wir sofort alle anfallenden Überreste stecken. Auf dem Rückweg wird die Tüte dann in einem Müllcontainer entsorgt. Wir haben Zigarettenschachteln, Colabüchsen und Köderbehälter ohne Probleme randvoll gefüllt zum Ufer getragen. Wieviel leichter ist es, die nun leeren Behälter flach zu treten und in einer Plastiktüte wieder mitzunehmen?! Der Müll von Anglern ist leicht zu erkennen (z.B. Madenschachteln oder Maisdosen) und wir alle müssen dann unter dem schlechten Ruf leiden, wenn sich einige am Wasser wie «Schweine» benehmen!

Wir dürfen auf keinen Fall betreten, weil es gesetzlich verboten ist: Privatgrundstücke, private umzäunte Wiesen und Weiden, geschützte Pflanzungen und Schilfzonen. Und wir sollten uns angewöhnen, Tiere allgemein und Fische natürlich ganz besonders in ihrem Lebensraum zu respektieren und rücksichtsvoll zu behandeln! Gefangene Fische werden wie in dem entsprechenden Kapitel näher erklärt, schonend vom Haken gelöst und vorsichtig wieder zurückgesetzt, wenn sie nicht verwertet werden.

Das Tierschutzgesetz schreibt vor: Niemand darf einem Tier ohne vernünftigen Grund Schmerz, Leid oder Schaden zufügen. Der vernünftige Grund besteht nach Ansicht des Gesetzgebers darin, ein Tier zu verwerten (durch essen oder verfüttern) oder die Bestände eines Gewässers zu regulieren. So ist es nach heutigem Recht verboten, gefangene maßige Fische zurückzusetzen.

Daß es über den Verzehr hinaus noch weitere vernünftige Gründe zum Angeln gibt, dürfte bereits klar geworden sein. Und daß ein Fisch den Fang schmerz- oder leidvoll erlebt, muß aus tieferer Kenntnis der Materie stark bezweifelt werden. Viele erfahrene Spezialisten unter den Anglern sind daher bereit, bewußt gegen geltendes Recht zu verstoßen: Sie folgen aus ihrer persönlichen Einsicht heraus dem höher zu bewertenden Naturrecht, indem sie äußerst schonend gefangene Fische unverletzt wieder freilassen. Damit leisten sie einen wichtigen Beitrag zum Erhalt des Bestandes unserer von Nichtanglern so bedrohten Fischwelt!

*Unsere beiden Verbände vertreten die Interessen der Süßwasserangler:*

**Deutscher Anglerverband e.V.**
DAV-Verbandsgeschäftsstelle,
Weißenseer Weg 110,
D-10369 Berlin

**Verband**
**Deutscher Sportfischer e.V.**
VDSF-Verbandsgeschäftsstelle,
Siemensstr. 11-13,
D-63071 Offenbach

# *Die Gewässer:*
## *Wo wir angeln können*

**Fließende Gewässer**
Flüsse werden von der Quelle bis zur Mündung in Abschnitte unterteilt – die sogenannten Regionen, denen die jeweiligen Leitfische den Namen gegeben haben und die an den charakteristischen Bedingungen zu erkennen sind.

***Die Forellenregion***
Beginnt dort, wo sich im Quellbach Fische ansiedeln. Klares Wasser mit fast 100 % Sichtigkeit. Im Frühjahr durch Schmelzwasser gelbliche Färbung, im Sommer durch starke Regenfälle getrübt. Schnell strömendes Wasser mit 4 bis 15 Grad Temperatur und viel Sauerstoff. Boden steinig bis kiesig.

*Pflanzen:* Algen, Quellmoos, Wasserhahnenfuß.

*Insekten:* Bachflohkrebse, Fliegen- und Libellenlarven. In Flachlandbächen Mückenlarven. In unteren Strecken Plankton. Als «Anflugnahrung» Landinsekten wie fliegende Ameisen, Wespen, Käfer.

*Fische:* Bachforelle, Bachsaibling und Regenbogenforelle. Dazu die Kleinfischarten Elritze, Schmerle, Groppe (Mühlkoppe) und Bachneunauge.

***Die Äschenregion***
Der Bach ist breiter geworden. Deutlicher Verlauf mit klar begrenzten Ufern. Gefälle und Strömung sind zurückgegangen. Sommertemperatur bis 18 Grad. In der Strömung bei Kiesboden klarsichtiges Wasser. Vereinzelt Sandbänke und größere Gesteinsbrocken am Grund. Tiefe Gumpen und Flachwasserzonen. Tiefe Kolke an den Außenseiten (Prallhängen) der Windungen.

*Pflanzen:* Quellmoos, Flußlaichkraut, Wasserpest und Wasserstern.

*Insekten:* Bachflohkrebse und Fliegen-, Mücken- und Libellenlarven in riesiger Menge.

*Fische:* Äsche, Nase, Huchen (Donauraum), Hasel, Bachneunauge und Regenbogenforelle. Gelegentlich auch Döbel, Aland, Hecht und Quappe.

***Die Barbenregion***
Aus dem Bach ist ein Fluß geworden. Klar begrenztes Bett mit wechselnder Tiefe und mittlerer Strömung. Sanftes, gleichmäßiges Gefälle. Boden kiesig-sandig, gelegentlich Sandbänke. Je nach Strömung schwankender Sauerstoff, aber insgesamt noch relativ hoch. Temperatur bis 20 Grad. Durch Trübstoffe begrenzte Sichtigkeit. Ufer von Wiesen, Weiden und Wäldern gesäumt.

*Pflanzen:* Am Ufer Röhricht und Simse, in Buchten mit Schlammzonen auch Seerosen. In der Strömung Quellmoos, Wasserpest und Flußlaichkraut.

*Barbenregion*

*Insekten:* Bachflohkrebse, Insektenlarven, Würmer, Kleinkrebse und «Anflugnahrung».

*Fische:* Barbe, Rapfen, Döbel, Hasel und Nase. Auch Plötze, Aland und Hecht.

### Die Brassenregion

Der Strom hat nun seine größte Ausdehnung. Wasserstand in der Regel konstant. Viele Seitengewässer und Altarme. Boden sandig, in ruhigen Bereichen schlammig. Temperatur bis über 20 Grad. Ruhig fließendes, stark getrübtes und nährstoffreiches Wasser mit geringer Sichttiefe.

*Pflanzen:* Hinter Buhnen und in Seitenarmen Schilf, Rohrkolben und Seerosen am Ufer. Bei schwacher Strömung Laichkräuter und Wasserpest.

*Insekten:* Zuckmückenlarven und Tubifex, Asseln und Wasserflöhe in riesigen Mengen.

*Fische:* Plötze, Rotfeder, Brassen, Güster, Karpfen, Karausche, Schleie, Aland, Ukelei und Gründling. Die Räuber Barsch, Zander, Hecht, Aal, Wels und Rapfen.

### Die Kaulbarsch-Flunderregion

Das Mündungsgebiet der Flüsse mit seinem Brackwasser (Mischung aus süß und salzig) ist der Übergang vom Flachland zum Meer. Mit den Gezeiten hebt oder senkt sich der Wasserstand, strömt es in die eine oder andere Richtung und verändert sich der Salzgehalt des Was-

*Brassenregion*

*Kaulbarsch-Flunderregion*

sers. Durch die wirtschaftliche Nutzung der Flüsse als «Wasserstraßen» kommt an allen größeren Flüssen Natur praktisch nicht mehr vor – fast jeder Quadratmeter ist genutzt und verbaut.

An sehr kleinen, ungenutzten Gewässern läßt sich der natürliche Charakter der Region ablesen: die Ufer von Schilfrohr und Binse gesäumt, zwischen den Halmen der blanke, weiße Sand. Geringer Sauerstoffgehalt bei ungeheurem Nahrungsreichtum. Neben den Leitfischen der Region fast alle Arten der Brassenregion, dazu viele Meeresfische wie Stint, Schnäpel, Hornhecht und Hering und Plattfische wie Scholle, Steinbutt oder Seezunge.

## Künstliche Fließgewässer

### *Kanäle*

Kanäle mit ihrer Geradlinigkeit dienen der Schiffahrt als Wasserstraßen. Meist geringe Strömung mit häufigem Schleusenbetrieb. Ufer durch Steinschüttungen befestigt, Wasserpflanzen nur selten. Alle Kanäle zeigen ein Stufenprofil: Die maximale Tiefe von ca. 4 m liegt in der Fahrrinne – zu beiden Seiten durch je eine Scharkante begrenzt. Weitere Scharkanten liegen im Abstand von 8 m je vor beiden Ufern. Kanäle ähneln im Fischbestand der Brassenregion.

Die Fische suchen sich ihr Futter (Insekten wie Mückenlarven und Tubifex) im Bereich der Scharkan-

*Kanal*

ten – in den warmen Monaten an denen, die dem Ufer näherliegen. Bevorzugte Standorte der Fische sind die Warmwasserzuflüsse der Kraftwerke, Hafenbecken, Schleusen und vertäute Schiffe.

**Stehende Gewässer**
Ihrem Charakter und ihrer geographischen Lage nach bringen die unterschiedlichen Seenarten bei ähnlichen Bedingungen jeweils vergleichbare Lebensformen hervor. Auch wenn sie «Stillwasser» genannt werden, können Windeinfluß und Fließgewässer, die sie durchqueren, eine Strömung erzeugen.

***Vorgebirgsseen***
Zu den typischen Gewässern dieser Art zählen die bekanntesten Seen des Alpenvorlandes wie z.B. Starnberger See und Chiemsee. Charakteristisch: kaltes, klares, nährstoffarmes Wasser mit hohem Sauerstoffgehalt. Steil abfallende Ufer. In flachen Buchten und in Ablagerungen, die durch zufließende Bäche und Flüsse eingetragen werden, siedeln sich Pflanzen und Nährtiere wie Planktonkrebschen und Insektenlarven an.
Das «Markenzeichen» der Vorgebirgsseen: die Seeforelle. Die Regenbogenforelle kommt seltener vor. Beide Arten wachsen hier zu kapitaler Größe heran, da sie nicht gegen die wilde Strömung eines Fließgewässers anzukämpfen haben. In den tieferen Zonen Seesaibling und Renken wie Große und Kleine Maräne. In den flachen Uferzonen Hecht, Barsch und Zander und Friedfische wie Döbel, Plötze und Rotfeder.

***Tiefe Flachlandseen***
Durch abschmelzende Gletscher entstandene Seen mit einer Tiefe bis zu 20 m und relativ kühlem Wasser. Nur langsam absinkende Uferzonen. Die lange Wärmeperiode und starke Erwärmung des flacheren Wassers ermöglichen die Ansiedlung eines breiten Pflanzengürtels rund um das Ufer: zunächst eine Zone aus Röhricht und Schilf, davor die Schwimmblattzone aus Seerosen, Wasserknöterich und Wasserhahnenfuß. Davor dann unter Wasser die Krautzone aus Laichkräutern, Tausendblatt und Wasserpest.
Zwischen den Pflanzen und in der Zone davor sammelt sich eine Schicht aus nährstoffreichem Schlamm, in der Milliarden Mükkenlarven und andere Insekten wimmeln.
Bei diesen günstigen Bedingungen entwickeln sich viele Fischarten bis zu kapitaler Größe: Friedfische wie Karpfen, Schleie, Brassen, Rotfeder und Plötze, verschiedene Maränenarten (Renken) und Raubfische wie Hecht, Aal, Barsch und Wels.

***Flache Flachlandseen***
Bei nur geringer Tiefe zwischen 2 m und 6 m im Sommer starke Wassererwärmung. Geringes Gefälle mit einem breiten Pflanzensaum: Schilfzonen und Seerosenflächen sind typisch. Häufig der gesamte Boden

*Flachlandsee*

von Unterwasserpflanzen bedeckt, die in warmen Sommern die Wasseroberfläche durchdringen.
Große Vielfalt an Fischen durch riesige Mengen von Plankton und Mückenlarven als Nahrung: Im dichten Schilfgürtel Brutfische, Aale und Hechte. Unter den Seerosen Schleien, Karauschen und Karpfen. In der Krautzone Brassen, Güstern und Plötzen. Im Freiwasser Rotfedern und Ukeleis, am Grund große Karpfen, einzelne kapitale Brassen und Plötzen. An den «Barschbergen» Hechte und Barsche, unter versunkenen Bäumen große Hechte und Welse.

**Künstliche Seen**

***Baggerseen***

Durch Bodenaushub entstandene Seen. Bei jüngeren Kiesgruben Boden noch sandig, bei älteren mit einer dicken Schlammschicht bedeckt. Bestand an Wasserpflanzen wie bei Flachlandseen. Breite des Pflanzengürtels je nach Abfall der Uferkanten. Ältere Gruben sehr nahrungsreich mit anglerisch günstigen Bedingungen wie natürliche Flachlandseen – oft nur noch zu erkennen an dem typischen Strandstreifen, der damals den Transportern als Zufahrt diente und heute als Badestrand genutzt wird. Von

*Baggersee*

Angelvereinen schon vor langer Zeit besetzt, weisen sie häufig einen alten Bestand auch kapitaler Fische (z.B. Karpfen) auf: alle Weißfischarten der Brassenregion und Barsch und Aal. Ob auch Zander, Hecht und Wels eingesetzt wurden, muß man erfragen!

***Stauseen***

Durch den Stau eines Flusses entstandene Seen – Profil und Bodenstruktur von der gefluteten Landschaft geprägt. Fischbestand über das gestaute Gewässer eingewandert und durch regelmäßigen Besatz erweitert. Bieten durch sauerstoff- und nährstoffreiches Wasser günstigen Lebensraum für viele Fischarten: Bei kühlem, klarem Wasser in Gebirgsnähe Forellen, Saiblinge und Renken, häufig auch Hechte. Charakter des Gewässers dann wie Vorgebirgsseen. Bei wärmerem Wasser die meisten Weißfischarten: in der Nähe der Flußmündung Plötze, Rotfeder und Ukelei, im ruhigen Bereich der Staumauer Brassen, Karpfen und Aland. Dazu die Räuber der Brassenregion. Oft halten die Fische Abstand vom Ufer und wandern auf der Nahrungssuche frei umher.

# ***Die Fische:***
## *Was wir fangen können*

# *Aal*

***Steckbrief***

**Merkmale:** Schlangenförmiger Körper, durchgehender Flossensaum von Rücken bis Bauch. 2 kleine Brustflossen. Tief unter der Schleimhaut sitzende, winzige Schuppen.
**Größe:** Maximal 1,50 m und 12 Pfd., Durchschnitt 1 bis 4 Pfd.
**Gewässer:** Wandert als Jungfisch (Glasaal) vom Meer aus in alle Flußsysteme und Seen ein. Überwindet dabei auch schwierige Hindernisse und dringt selbst in kleinste Gewässer vor. Bevorzugt warmes Wasser, weichen Grund und dichten Pflanzenbewuchs: hauptsächlich Brassenregion und Flachlandseen. Durch Besatz aber auch bis Alpenvorland.
**Standorte:** Im ruhigeren Wasser zwischen den Pflanzen, auf Überschwemmungsflächen, vor Schilfkanten, in ruhigen Buchten, aber auch vor Scharkanten und «Barschbergen».
**Beute:** Würmer, Insekten und ihre Larven, Fischlaich und Jungfische, Krebse, Frösche, Schnecken und bis handlange Fische.
**Saison:** Frühling bis Herbst. Im Winter Ruhephase. Günstig: Sommernächte.
**Fangzeiten:** Nachtaktiv – hält sich tagsüber verborgen. Ab Abenddämmerung bis morgens auf Beutesuche. Günstig: schwüles Wetter, warme Abende.
**Fangmethoden:** Kräftige Grundrute, mittelgroße Rolle, starke Schnur. Pose, falls die Schnur wegen Hindernissen vom Grund abgehalten werden muß. Nach dem Anbiß sofort vom Grund abheben, damit sich der Aal nicht festsetzen kann! Köder: große Tauwürmer, Fischfetzen, Fleischstücke, schlanke tote Köderfische.

# Äsche

***Steckbrief***

**Merkmale:** Regelmäßige Schuppenreihen, schwarze Punkte auf vorderer Körperhälfte. Spitzes «Mündchen», exotische, tropfenförmige Pupillen. Hohe, lange Rückenfahne mit gelblich-grauer bis violetter Färbung und rötlichen Punkten. Fettflosse vor der Schwanzwurzel.
**Größe:** Maximal 60 cm und 6 Pfd., Durchschnitt 1 bis 3 Pfd.
**Gewässer:** Leitfisch der Äschenregion. Liebt sauberes Wasser in größeren, kühlen, schnellfließenden Flüssen mit kiesigem bis sandigem Grund. Lebt standorttreu in kleinen Verbänden.
**Standorte:** Steht oft mitten in der Strömung im Schutz größerer Pflanzenwedel, aus denen nur die Schwanzflosse hervorlugt, und wartet auf angetriebene Nahrung. Nutzt auch Wurzeln oder ausgewaschene Ufer als Versteck. Unterhalb von Wehren und Wasserfällen.
**Beute:** Planktonkrebse, Insektenlarven, Flohkrebse, Würmer und Schnekken. Steigt auch nach Insekten an der Oberfläche.
**Saison:** Mai bis Spätherbst.
**Fangzeiten:** Wird morgens mit zunehmender Wärme aktiv. Mittagsstunden und Hochwasser eher ungünstig, ab Nachmittag wieder aktiv. Günstig: trübe bis regnerische Sommertage und Abendstunden im Sommer.
**Fangmethoden:** Überwiegend Flugangel. Günstig: Trockenfliege und Nymphe (Goldkopf!). Wo es erlaubt ist, auch treibende Posenmontage mit Naturködern wie Made oder kleinem Wurm. Dann leichte Rute und mittlere Schnurstärke ausreichend.

# *Barbe*

***Steckbrief***

**Merkmale:** Körper torpedoförmig und langgestreckt. Rücken nur mäßig gewölbt. Goldener Farbton, Bauch silbrig. Dicke, wulstige Lippen am stark unterständigen Maul. Auffällig: die vier kräftigen Barteln.
**Größe:** Maximal bis 90 cm und 14 Pfd., Durchschnitt 2 bis 6 Pfd.
**Gewässer:** Leitfisch der Barbenregion. Bewohnt mäßig kühle Gewässer in den schneller fließenden Strecken mit Sand- oder Kiesboden und beansprucht sauberes Wasser.
**Standorte:** Typischer Grundbewohner (Körperform, Maulstand!). Steht tagsüber auch in Gruppen über Kies- oder Sandflächen in Bodenvertiefungen, zwischen Krautwedeln, hinter Steinen und auch in scharfer Strömung. Liebt Strömungsrinnen, den Bereich hinter Wehren und Wasserfällen oder Brückenpfeilern. Abends auch zwischen den Pflanzen in Ufernähe.
**Beute:** Planktonkrebse, Insekten und ihre Larven, Würmer, Käfer, Algen, Krebse nach der Häutung.
**Saison:** Juli bis Herbst. Günstig: Spätsommer.
**Fangzeiten:** Tagsüber im Freiwasser, abends und nachts auch in Ufernähe.
**Fangmethoden:** Fang mit treibender Pose möglich, günstiger aber kräftige Grundrute mit starker Schnur und sehr viel Futter an einer Stelle konzentriert (Futterkörbchen). Köder: Maden, Wurm, Käseteig, Hanf (besonders als Futter), süßer Mais und Frühstücksfleisch.

# Barsch

### Steckbrief

**Merkmale:** Färbung grünlich-silbern mit dunklen, senkrechten Streifen, Bauch- und Afterflossen leuchtend rot. Zwei getrennte Rückenflossen, vordere mit schwarzem Fleck. Kiemendeckel und vordere Rückenflosse mit gefährlich spitzem Dorn. Sehr weit öffnendes Raubfischmaul.
**Größe:** Maximal bis 60 cm und 7 Pfd., Durchschnitt 0,5 bis 2 Pfd.
**Gewässer:** Extrem anpassungsfähig – lebt zahlreich fast in allen Binnengewässern Europas. Alle Seenarten werden ebenso besiedelt wie die Flüsse in allen Regionen bis in die Äschenregion hinein. Bevorzugt sauberes Wasser.
**Standorte:** Als «Krautbarsch» in der Uferzone, als «Jagebarsch» im Freiwasser – speziell unter den Barschbergen. Meidet dabei die starke Strömung und bevorzugt ruhigere Abschnitte.
**Beute:** Jüngere Barsche nehmen Kleintiere aller Art. Im Rudel jagen sie als typische Räuber Fischbrut und später kleinere Fische und Krebse. Große Barsche einzelgängerisches Dasein als Räuber.
**Saison:** Im Prinzip ganzjährig, besonders günstig Frühsommer bis Herbst.
**Fangzeiten:** Sommer eher morgens und abends, an kühleren Tagen mittags. Prinzipiell aber zu allen Tages- und Nachtstunden möglich.
**Fangmethoden:** Im Stillwasser auch Posenrute mit Muschelfleisch oder Fischfetzen (mit der Tiefeneinstellung der Pose den Fisch suchen!). Sonst Grundrute mit totem Köderfisch – öfter mit der Rutenspitze bewegen, bzw. einige Zentimeter heranholen. Spinnrute mit Twister, Silikonfisch oder kleinen Blinkern besonders günstig.

# *Brassen, Blei*

***Steckbrief***

**Merkmale:** Sehr hochrückig und fast flache Körperscheibe. Farbe silbriggrau bis dunkelgold-bräunlich. Das eher kleine Maul rüsselartig vorstülpend. Rückenflosse weit hinter den Bauchflossen. Lange, stark konkav gewölbte Afterflosse. Schwanzflosse tief gegabelt.
**Größe:** Maximal bis 90 cm und 20 Pfd., Durchschnitt 2 bis 6 Pfd.
**Gewässer:** Leitfisch der Brassenregion. Bewohnt mäßig fließende Flüsse, Altarme und Kanäle und warme, nährstoffreiche Flachlandseen mit schlammigem Grund. Sehr häufig in Stauseen und Baggerseen.
**Standorte:** In tieferen Abschnitten ihrer Gewässer – z.B.hinter Scharkanten. An Einmündungen von Zuflüssen. Nicht in scharfer Strömung, sondern im Ruhigwasser hinter Kurven, in Buchten o.ä. Nachts auch in Ufernähe.
**Beute:** Zuckmücken- und andere Larven, Tubifex und Kleinkrebse.
**Saison:** Prinzipiell das ganze Jahr. Günstig die warmen Monate nach der Laichzeit (ab Mai/Juni). Spätherbst auch an milden Tagen.
**Fangzeiten:** Morgens und nachmittags bis abends. Nachts auch einzelne, größere Exemplare.
**Fangmethoden:** Bevorzugt ruhig liegende Angebote: stehende, auf Grund aufliegende Posenmontage oder leichte Grundrute (z.B. Schwingspitze). Muß mit größerer Futtermenge gelockt und am Platz gehalten werden (Futterballen oder Futterkörbchen). Köder: Made, Wurm, Mais, Teig und Brot.

# *Forelle*

***Steckbrief***

**Merkmale:** In unseren Gewässern 3 heimische Formen: Meerforelle, Bachforelle, Seeforelle und aus Amerika eingebürgert die Regenbogenforelle. Allen gemeinsam die Fettflosse auf der Schwanzwurzel. Alle spindelförmig und großes Maul. Meerforelle silbern mit schwarzen Punkten, Fettflosse meist rot umrandet, ältere Männchen Unterkieferhaken. Bachforelle schwarze Punkte und rote Punkte mit heller Umrandung, Fettflosse oft mit roter Spitze. Seeforelle sternförmige schwarze Punkte auf Körper und Flossen. Regenbogner rosa Farbband entlang der Seitenlinie und dunkle Fleckenzeichnung.
**Größe:** Maximal 1,50 m und 40 Pfd., Durchschnitt 2 bis 6 Pfd.
**Gewässer:** Meerforelle Nord- und Ostsee, steigt zum Laichen in die Flüsse auf. Alle anderen nur saubere Gewässer der Forellenregion und der Vorgebirgsseen. Regenbogner unempfindlicher, daher auch in tiefer liegenden Strecken.
**Standorte:** Bachforelle standorttreu in Uferverstecken oder Krautwedeln. Seeforelle in den Tiefenzonen der Seen. Regenbogner auch im offenen Freiwasser bis zur Äschenregion. Alle auch in Gumpen.
**Beute:** Insekten und ihre Larven und anderes Kleingetier.
**Saison:** Frühjahr bis Spätsommer. Meerforelle ab Frühsommer.
**Fangzeiten:** Frühjahr warme Tage, Sommer morgens und abends, bedeckte Tage und warmes, regnerisches Wetter.
**Fangmethoden:** Fast überall nur die Flugangel mit künstlicher Fliege möglich. Wo erlaubt, auch mit treibender Pose oder Grundrute und Naturköder wie Made oder Wurm.

# *Güster*

***Steckbrief***

**Merkmale:** Im Gegensatz zum Brassen immer silbern. Brust- und Bauchflossen im Ansatz rot gefärbt. Kein vorstülpendes Rüsselmaul. Weniger hochrückig, dafür breiter und kräftiger.
**Größe:** Maximal knapp 40 cm und 3 Pfd., Durchschnitt 1 bis 2 Pfd.
**Gewässer:** Stehende und langsam fließende Flachlandgewässer, bzw. Brassenregion. Liebt flaches, warmes Wasser mit dichtem Pflanzenbestand.
**Standorte:** Stets Bodennähe im Schutz der Ufervegetation. Nachts auch im Freiwasser auf Jagd.
**Beute:** Ernährt sich von kleinen Bodentieren wie Insektenlarven (Zuckmückenlarven), Schnecken und Muscheln, aber auch Pflanzenteilen und Algen. Im Freiwasser im Gegensatz zum Brassen auch Planktonkrebschen.
**Saison:** Frühjahr bis Herbst.
**Fangzeiten:** Zu allen Zeiten möglich, bevorzugt aber ab Abenddämmerung. Es ist allerdings nicht bekannt, daß sie gezielt beangelt wird, da sie sich als Speisefisch kaum eignet!
**Fangmethoden:** Feststehende Posenmontage und Grundrute mit allen üblichen Weißfischködern: Made, Wurm, Mais, Teig und Frühstücksfleisch. Nicht zu leichte Montage, da sie für ihre geringe Größe relativ kampfstark ist!

# Hecht

***Steckbrief***

**Merkmale:** Langgestreckter Körper mit langem Kopf und entenschnabeligem Maul mit typischem Raubfischgebiß. Farbe grün mit unregelmäßigen Streifen oder Flecken. Unverkennbar After- und Rückenflosse: stark abgerundet und dicht vor der Schwanzwurzel.
**Größe:** Maximal 1,50 m und knapp 60 Pfd., Durchschnitt 4 bis 10 Pfd.
**Gewässer:** Alle sauberen, klaren Seen und Flüsse zwischen Nord- und Ostsee und Voralpenregion. Zieht also auch bis in die Forellenregion, wo er nicht gerne gesehen wird, da er sich dort von Forellen und Äschen ernährt!
**Standorte:** Bezieht standorttreu Unterstände wie abgebrochene Bäume, Uferhöhlen, Gumpen und Vorsprünge in Buchten. Bevorzugt Standpätze in Ufernähe als Schutz vor der Strömung. Häufig auch in Altarmen, im Schutz von Buhnenköpfen und im Stauwasser von Wehren.
**Beute:** Alle erreichbaren Fische außer hochrückige Arten wie Brassen und Karpfen. Ausgewachsen auch Wasservögel und Kleinsäugetiere wie badende Dackel und Yorkshire-Terrier!
**Saison:** Frühsommer bis Winter. Günstig: Herbst, wenn die Pflanzen sterben und die Futterfische sich in tiefes Wasser zurückziehen.
**Fangzeiten:** Im Sommer Morgen- und Abenddämmerung und bedeckte oder regnerische Tage. Im Winter mittags. Nachts ungünstig.
**Fangmethoden:** Spinnangel mit langsam geführtem Wobbler oder Silikonfisch. Posenrute mit Segelpose und totem Köderfisch: mit treibender Pose den Hecht suchen. Grundrute und toter Köderfisch an seinen Standplatz geworfen.

# *Karausche*

***Steckbrief***

**Merkmale:** Körperform gedrungen und rundlich mit hochgewölbtem Rücken und runder Bauchlinie. Ähnelt einem zu kurzen Schuppenkarpfen – hat aber im Unterschied zum Karpfen keine Barteln. Färbung der großen, festen Schuppen in einem warmen Bronzeton bis hin zu sattem Gold. Typisch für Jungfische der schwarze Fleck auf der Schwanzwurzel. Auffallend die hohe, bis an die Schwanzwurzel gezogene Rückenflosse.
**Größe:** Maximal bis 50 cm und 5 Pfd., Durchschnitt 1 bis 3 Pfd.
**Gewässer:** Liebt besonders das trübe, warme Wasser kleiner, flacher Gewässer mit dichtem Pflanzenbestand und möglichst geringer Strömung. Ist dabei äußerst unempfindlich gegen Wasserverschmutzung und Sauerstoffmangel und findet sich so selbst in den kleinsten Dorftümpeln und Parkweihern zurecht, solange es ausreichend Insekten und ihre Larven und pflanzliches Plankton für die Ernährung gibt.
**Standorte:** Lebt in kleiner Gruppe verborgen und unsichtbar zwischen den Wasserpflanzen der Uferzone in Bodennähe, um grelles Licht zu vermeiden. Bei der Nahrungssuche verläßt die Gruppe gelegentlich den Pflanzengürtel, wobei die leuchtenden Schuppen dann im Sonnenlicht schimmern und sich die Fische so auch beobachten lassen.
**Saison:** Frühjahr bis Herbst.
**Fangzeiten:** Morgens mit steigender Wassertemperatur bis in den späten Abend.
**Fangmethoden:** Als Beifang an der leichten Posenrute mit Made, Brotflocke, Wurm oder Mais. Futter: Grundfuttermischung auf Paniermehlbasis.

# Karpfen

*Schuppenkarpfen*

*Spiegelkarpfen*

***Steckbrief***

**Merkmale:** Bei uns nur in den bekannten Zuchtformen Spiegelkarpfen, Schuppenkarpfen und dem nicht mehr gezüchteten Lederkarpfen vertreten. Alle hochrückig und neben dem Maul 2 kräftige, davor 2 kleinere Barteln als ihr «Markenzeichen». Die ursprüngliche Wildform (heute noch untere Donau) langgestreckt und flachrückig.

**Größe:** Maximal 1,20 m und 70 Pfd., Durchschnitt 5 bis 20 Pfd.

**Gewässer:** Warme Gewässer der Brassenregion und Flachlandseen mit schlammigem Grund und starkem Vorkommen an Mückenlarven. Fast alle dieser Gewässer wurden inzwischen mit Schuppen- und Spiegelkarpfen besetzt.

**Standorte:** Bevorzugt in Bodennähe. In Seen an oder in der Ufervegetation. In Flüssen in ruhigen Buchten und Altarmen, im Stauwasser über Wehren, Staumauern oder Schleusen. Im Frühsommer auch an der Oberfläche. Abends und nachts auch in direkter Ufernähe.

**Beute:** Zuckmückenlarven, Fliegenlarven und anderes Kleingetier.

**Saison:** Günstig: Frühling und Herbst. Winter schwieriger.

**Fangzeiten:** Zu allen Tageszeiten möglich, aber in verschiedenen Gewässern unterschiedlich: es gibt reine «Tagesgewässer», während er in anderen Gewässern eher nachts beißt.

**Fangmethoden:** In der ersten Hitzeperiode des Jahres bevorzugt an der Oberfläche (Schwimmbrot). Ganzjährig feststehende Posenmontage oder Grundrute mit Ködern wie Mais, Teig, Kartoffel und Boilies. Nur äußerst kräftiges Gerät wegen seiner Kampfkraft!

# *Rotauge, Plötze*

***Steckbrief***

**Merkmale:** Leicht hochrückiger Körper, Bauchlinie gerundet. Kleines, endständiges Maul. Iris rot – daher der Name «Rotauge». Färbung silbern. Rückenflosse direkt über den Bauchflossen angesetzt.
**Größe:** Maximal 40 cm und 4 Pfd., Durchschnitt 250 bis 750 g.
**Gewässer:** In allen Flüssen (außer Forellenregion), Kanälen und Flachlandseen. Eher wärmeres, nährstoffreiches Wasser, aber sehr anpassungsfähig!
**Standorte:** Bodennah in der Nähe von Krautbetten und an den Scharkanten. Morgens und abends nahe der Ufervegetation, tagsüber eher fern dem Ufer im Freiwasser. Unterhalb von Schleusen aktiv auf Nahrungssuche. Meidet die stärkere Strömung und bleibt im Ruhigwasser.
**Beute:** Lebt von Kleintieren wie Planktonkrebsen, Insektenlarven, Würmern und Schnecken. Manchmal stundenlang an der Oberfläche auf der Suche nach Anflugnahrung.
**Saison:** Von den ersten warmen Tagen des Jahres bis Winterbeginn.
**Fangzeiten:** Günstig: Morgen und Abend. Prinzipiell aber ganztägig Erfolg möglich. Nachts eher ungünstig.
**Fangmethoden:** Einer der «Brotfische» des Posenanglers, den er in größeren Stückzahlen mit der ultrafeinen, treibenden Posenmontage und kleinsten Haken fangen kann, daher auch wichtig als «Lernfisch» für den Anfänger. Wichtig für den Fang großer Exemplare: möglichst unauffällige Präsentation und sehr sensibel ausgelotete Pose! Köder: Made, kleine Würmer, Brot, Hanf. Auch süßer Dosenmais und weicher Teig. Nicht zu reichliches Grundfutter ist günstig.

# *Rotfeder*

***Steckbrief***

**Merkmale:** Körperbau wie Plötze, aber der Bauch zwischen Bauchflossen und Afterflosse kantig-scharf gekielt. Schuppen mit leuchtendem Goldglanz, alle Flossen leuchtend rot. Das kleine Maul oberständig. Rückenflosse deutlich hinter den Bauchflossen angesetzt.
**Größe:** Maximal bis 45 cm und 4 Pfd., Durchschnitt 250 bis 500 g.
**Gewässer:** Verbreitung wie Plötze in den Flachlandseen und den Flüssen der Barben- und Brassenregion in Strecken mit nicht zu kaltem Wasser und gemächlicher Strömung. Günstig: kleine Gewässer mit reichlich Kraut und einer weichen, nährstoffreichen Bodenschicht.
**Standorte:** Schwarmfisch in der Vegetation in Ufernähe und in ruhigen Buchten. Häufiger als Plötze unter der Oberfläche, wo sie auf Anflugnahrung lauert. Häufig am Grund, um Larven und kleine Wassertiere, Algen und pflanzliches Plankton aufzusammeln. Im Winter wie alle Weißfische in tiefem Wasser.
**Beute:** Siehe oben: Larven, Wassertiere, Algen, Insekten, Plankton.
**Saison:** Sommer und Herbst gut, Winter mäßig, Frühjahr ungünstig.
**Fangzeiten:** Warme Sonnentage morgens und abends. Bedeckter Himmel auch tagsüber. Warmer Regen günstig. Kalte Monate in den Mittagsstunden.
**Fangmethoden:** Wie beim Plötzenangeln am besten die leichte, treibende Posenrute mit feiner Montage und sensibel ausgebleiter Pose. Zum Unterschied: Auch das Mittelwasser und der Bereich unter der Oberfläche werden abgesucht. Köder: Made, kleine Würmer, Brotflocke, Teig und Mais. Futter: z.B. Brotstücke an der Oberfläche und sinkende Futterpartikel.

# Schleie

### Steckbrief

**Merkmale:** Körperform im Querschnitt fast dreieckig. Färbung dunkelgrün-bräunlich mit goldenem Schimmer. Alle Flossen stark gerundet und dunkel gefärbt. Dicke, volle Lippen und 2 kurze Barteln.
**Größe:** Maximal 70 cm und 12 Pfd., Durchschnitt 1 bis 4 Pfd.
**Gewässer:** Liebt das warme Wasser pflanzenreicher bis verkrauteter Seen und mäßig fließender Gewässer (Altarme, ruhige Buchten) mit schlammigem Grund.
**Standorte:** Lebt äußerst unauffällig in der Ufervegetation zwischen Schilf, Seerosenstengeln oder Krautbetten. Häufig lebt sie das Jahr über völlig unbemerkt in kleinen Gruppen – nur in der Laichzeit verrät sie mit ihrem fesselnden Liebesspiel nur zentimeterweit vom Ufer entfernt ihre Gegenwart!
**Beute:** Muscheln und Schnecken, die von Pflanzenstengeln abgeweidet werden. Insektenlarven. Aber auch Algen und Pflanzenreste.
**Saison:** Besonders günstig: Frühjahr in der ersten Wärmeperiode. Sommer und Herbst eher mäßig.
**Fangzeiten:** Meidet Helligkeit und wird nur bei gedämpftem Licht aktiv (stark bedeckter Himmel, Morgen- oder Abenddämmerung).
**Fangmethoden:** Bei Schleienanglern beliebt ist die unbewegte Posenmontage mit mittlerer Schnurstärke und leichtem Waggler am Grund angeboten, da der Köder punktgenau in Lücken zwischen den Pflanzen eingesetzt werden kann. Schwingspitzrute ebenfalls sehr günstig. Köder: Made, Mais und Teig, die allerdings auch von anderen Fischen genommen werden. Gezielt auf Schleie am besten der große Tauwurm oder Krebs- und Muschelfleisch.

# Zander

***Steckbrief***

**Merkmale:** Langgestreckter Körper mit spitzem Kopf und typischem Raubfischgebiß. Weniger hochrückig als Barsch. 2 getrennte Rückenflossen – die vordere mit harten Stachelstrahlen. Keine Dornen an den Kiemendeckeln. Die Augen auffallend starr und leuchtend gelb.
**Größe:** Maximal 1,30 m und 40 Pfd., Durchschnitt 4 bis 10 Pfd.
**Gewässer:** Bevorzugt große Gewässer mit trübem, nicht zu kaltem Wasser: tiefe, breite Flüsse und große Seen mit festem Grund. Nicht ganz so hohe Ansprüche an die Wassergüte wie der Hecht.
**Standorte:** Tagsüber meist im tieferen Wasser am Gewässergrund. Im Fließwasser gerne an Mündungsspitzen oder Buhnenköpfen. Dabei fast immer im offenen Freiwasser – im Gegensatz zum Hecht liebt er keine Unterstände. Bei gedämpftem Licht wird er aktiv und zieht dann auch in höhere Wasserschichten bis unter die Oberfläche.
**Beute:** Kleinere Fische wie Ukelei, Rotfeder, Plötze, Barsch.
**Saison:** Spätsommer bis Wintereinbruch.
**Fangzeiten:** Am günstigsten bei schlechter Sicht: Morgen- oder Abenddämmerung, Nebel, bedeckter Himmel, aber auch bei stark gekräuselter Wasseroberfläche und entsprechender Windstärke.
**Fangmethoden:** Spinnrute mit Twister, Silikonfisch oder Wobbler bei sehr langsamer Führung. Grundrute mit Fischfetzen oder kleinem toten Köderfisch. Durch Einsatz eines Fischfetzens oder Köderfisches unter der Pose kann der Köder auch im Mittelwasser angeboten werden.

# *Die Angelgeräte:* *Was wir uns kaufen müssen*

## Ruten

### *Material*

Ruten werden aus *Glasfaser, Kohlefaser* oder einer Mischung aus beidem, dem sogenannten *Komposite* gefertigt. *Glasfaser* ist schwerer, dafür äußerst robust und kaum bruchgefährdet. Die Glasrute ist nicht schnell in der Aktion, dafür ist sie biegsam und elastisch. Ihr Durchmesser ist stärker. *Kohlefaser* (Carbon) ist leichter, kann aber durch Einwirkung von außen (Schlag oder Stoß) leicht brechen, muß daher vorsichtig behandelt werden. Die Kohlefaserrute ist schnell und straff in der Aktion. Im Durchmesser ist sie sehr dünn. *Komposite* bietet je nach Anteil einen Kompromiß aus beiden Fasern und stellt eine preisgünstige Alternative zur teureren Kohlefaserrute dar.

*Steckrute und Teleskoprute aus Kohlefaser, Fiberglasrute.*

### *Bauweise*

Es werden Teleskopruten und Steckruten gebaut.

*Teleskopruten* sind mehrfach geteilt und werden zum Transport ineinandergeschoben. Vorteil: die geringe Transportlänge. Nachteil: die geringe Zahl der Ringe (1 Ring pro Rutensegment) und die häufig weniger straffe Aktion.

*Steckruten* bestehen im Normalfall aus zwei oder drei Teilstücken, die wir zum Angeln ineinanderstecken. Sie sind schlanker und besitzen meist eine straffere Aktion. Und es können soviele Ringe angebunden werden, wie es für die Rute und ihre Biegung optimal ist.

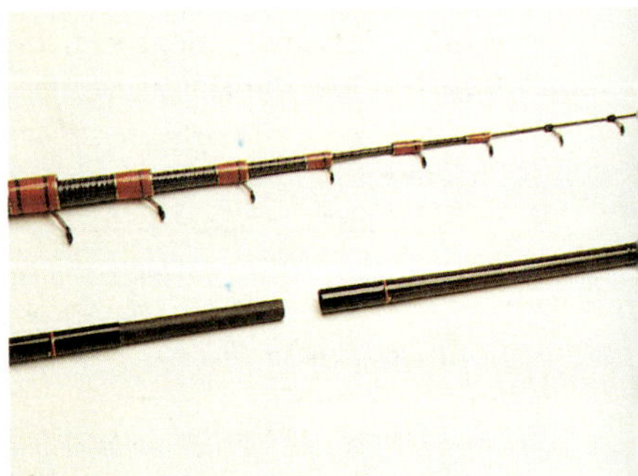

*Steckverbindung einer Steckrute und Teleskopkonstruktion.*

***Tip:*** Wenn Sie sich für Teleskopruten entscheiden – packen Sie sie niemals in montiertem Zustand ein – die Schnur leidet und reißt bei der ersten stärkeren Belastung! Ich empfehle Ihnen aber, sich für Steckruten zu entscheiden, wenn Sie planen, häufiger angeln zu gehen – auch wenn sie beim Transport mehr Platz erfordern! Sie werfen weiter und präziser und bieten durch die größere Zahl an Ringen eine bessere Kraftausnutzung!

***Rutenaktion***
Aktion bezeichnet das Biegeverhalten der Rute bei Belastung. Wir unterscheiden drei Aktionen:

1. Die *Spitzenaktion,* bei der sich nur der oberste Teil der Rute biegt. Günstig bei Posenruten, um den Anschlag schnell zum Haken durchzubringen und bei Spinnruten. Sonst eher nachteilig: hart im Drill und damit erhöhtes Risiko, einen Fisch zu verlieren!
2. Die *semiparabolische Aktion,* bei der sich bei geringer Belastung nur die Spitze biegt. Bei wachsender Belastung biegt sich die Rute bis über die Hälfte.
3. Die *parabolische Aktion,* bei der sich die Rute bei Belastung bis in das Handteil biegt.

***Tip:*** Bei Allroundruten für unterschiedliche Distanzen ist semiparabolisch ein guter Kompromiß aus Werfen (Weite, Präzision) und Abfederung im Drill. Im Nahbereich ist parabolisch günstig, da Fluchten des Fisches gut abgefedert werden und der Haken nicht ausschlitzt.

***Rutenringe***
Fast alle Ringe haben heute ausreichend feste Einlagen, die der Reibungshitze durch die Schnur gut standhalten.

***Tip:*** Untersuchen Sie regelmäßig alle Ringe auf Beschädigungen. Wenn ein Ring beschädigt ist, lassen Sie ihn sofort beim Fachhändler austauschen, damit nicht wegen Schnurbruch ein guter Fisch verlorengeht!

***Rollenhalter***
Es werden drei verschiedene Rollenhalter eingesetzt:

1. *Schubringe,* die zu beiden Seiten fest auf den Rollenfuß geschoben werden – meist für leichte Ruten englischer Bauart, bei denen kleine Rollen zum Einsatz kommen.
2. Der *Schraubrollenhalter,* mit dem die Rolle fest und sicher angeschraubt wird, für alle kräftigeren Ruten.
3. Der *Klapprollenhalter,* der bei italienischen Bologna-Ruten (lange, beringte Posenruten) eingesetzt wird.

***Tip:*** Achten Sie immer auf absolut festen Sitz der Rolle, damit es nicht plötzlich während des Drills zu Schwierigkeiten kommt!

***Tip zum Rutenkauf***
Achten Sie auf günstige Sonderangebote (Vorjahrsmodelle), aber auch auf die Qualität! Eine zu schwere Rute wird schnell lästig. Bei einer schwabbeligen Rute ist der Anschlag nicht schnell genug und sie wirft schlecht. Mit einem steifen «Besenstiel» verlieren Sie zuviele Fische.
Viele Anfänger begehen den Fehler, zu kurze Ruten zu kaufen. Nehmen Sie den fachkundigen Rat des Händlers an, auch wenn er Ihnen etwas anderes empfiehlt, als Sie

sich vorgestellt haben: er weiß es besser als Sie!
Testen Sie Ruten unterschiedlicher Preislagen in der Hand – Sie lernen beim Vergleich, worauf es ankommt!
Suchen Sie sich aus den nachfolgend beschriebenen Methoden eine Angelart aus, die Sie besonders reizvoll finden. Beschaffen Sie sich eine passende Rute und die zugehörige Ausrüstung (z.B. Stippe oder Matchrute) und lernen Sie, diese eine Methode so zu beherrschen, daß Sie damit erfolgreich sind. Erst dann sollten Sie sich für eine weitere Methode und die entsprechende Ausrüstung entscheiden!

## Rollen

Für den Anfang entscheiden Sie sich am besten für eine Stationärrolle. Sie ist leicht zu bedienen, wirft weit und verfügt über ein praktisches Bremssystem, mit dem sich ein kräftiger Fisch bequem und sicher drillen läßt. Für das Posenfischen wählen Sie eine kleinere Rolle – selbst kleine Spulen fassen mehr als 100 m einer dünnen Schnur. Da aber 100 m Schnur beim Posenfischen ausreichend sind, lassen Sie unter Ihrer Angelschnur die Spulen mit billiger Schnur von z.B. 0,25 mm Stärke als sog. «Backingschnur» füllen und legen darüber Ihre Angelschnur.
Die kleine Rolle eignet sich auch für das leichte Spinnfischen, wenn Sie eine weitere Ersatzspule kaufen, die mit etwas kräftigerer Schnur gefüllt wird. Für das schwere Posenfischen und leichtes bis mittleres Grund- oder Spinnfischen wählen Sie eine mittelgroße Rolle. Für das schwere Grundfischen auf Karpfen oder große Hechte kommt nur eine große Rolle in Betracht.

### *Bremssystem*

Die Bremse wird durch Drehen des Bremsknopfes gelockert, bzw. fester gestellt. Sie dient dazu, einen kräftigen Fisch sicher drillen und landen zu können. Zieht ein starker Fisch so kräftig, daß die Rute sich bis zu ihrem Maximum biegt und die Tragfähigkeit der Schnur bald erreicht ist, soll die Bremse nachgeben und der Spule erlauben, Schnur freizugeben.
Es werden zwei Bremssysteme verwendet: Die *Heckbremse,* bei der der Bremsknopf am unteren Ende der Rolle sitzt, ist in der Bedienung komfortabel. Da die Bremse permanent über das Getriebe läuft, ist die Rolle jedoch größerem Verschleiß ausgesetzt. Die *Kopfbremse* sitzt in

*Rollen mit Kopfbremse und mit Heckbremse.*

der Spule und läßt sich nicht ganz so komfortabel bedienen, greift aber hervorragend, ist dank ihrer größeren Bremsscheiben äußerst zuverlässig und hochgradig verschleißfrei.

***Zur Ausstattung***
Ein Kugellager ist für den guten Lauf und die Haltbarkeit sehr nützlich. Um die Schnur zu schonen, ist ein leicht drehendes Schnurlaufröllchen sehr wichtig. Bei guten Rollen ist es daher sogar mit einem weiteren Kugellager ausgestattet!

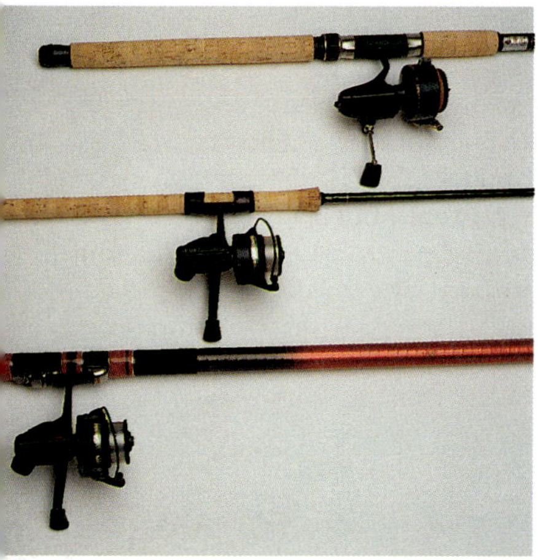

*Drei Befestigungssysteme für Rollen: Schraubenrollenhalter, Schieberinge, Klapprollenhalter.*

***Tip:*** Wichtig ist, mindestens eine Ersatzspule anzuschaffen. So können Sie eine Rolle je nach Bedarf mit unterschiedlichen Schnurstärken und Methoden einsetzen! Füllen Sie die Spulen nicht bis zum Rand, sondern lassen Sie 1 mm der Spule frei, um Schnurverwicklungen zu vermeiden! Notieren Sie auf einem kleinen Klebeetikett am Innenrand Ihrer Spulen die Stärke der Schnur!

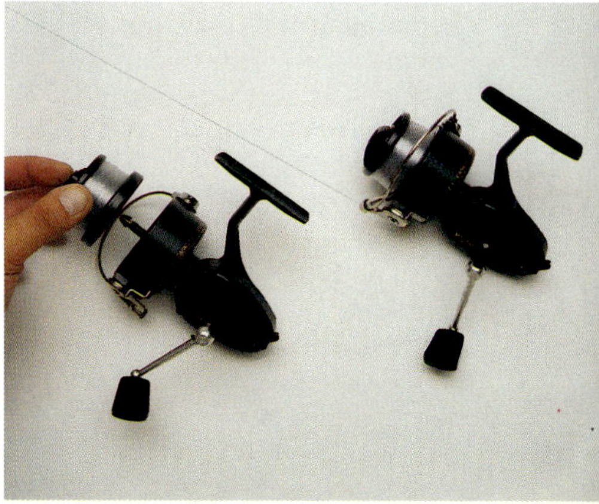

*Aufsetzen der Spule und Schnurverlauf von der Spule über den Rollenbügel.*

Bei der Pflege der Rolle ist es wichtig, regelmäßig das Schnurlaufröllchen auf Leichtgängigkeit zu kontrollieren. Sitzt es fest, muß es herausgeschraubt und mit Waschbenzin gereinigt werden!
Nach Befestigung der Rolle an der Rute ziehen Sie die Schnur unter dem Bügel durch und achten darauf, daß sie sauber unter dem Schnurlaufröllchen liegt. Sollten Sie dies einmal vergessen und die Schnur direkt von der Spule durch die Rutenringe ziehen, nehmen Sie die Spule ab, klappen den Bügel auf und setzen die Spule wieder auf. Bügel schließen – fertig!
Bei ausgeworfener Rute empfiehlt es sich, die Rücklaufsperre einzuschalten, damit die Rolle nicht bei einem Biß rückwärts läuft und es dadurch zu Schnurverwicklungen kommt!

***Grundausrüstung:***
**Stippangel**

- Stipprute 7 m bis 11 m
- Stonfo-Schnureinhänger

Fertigmontagen:
- 1 Strömungspose in den Größen 2, 4 und 6 g.
- 1 Stillwasserpose in den Größen 1,5 und 3 g.

- Vorfächer
- Sortiment Bleischrote
- Erdspieß mit Rutenauflage
- Lotblei
- Hakenlöser
- Gerätekiste
- Kleiner, flacher Unterfangkescher
- Köderboxen
- Futterbehälter

***Tip:*** Bei einer Stippe bis 11 m ist es für den Anfänger kein Nachteil, wenn sie als Teleskoprute gebaut ist – kaufen Sie die leichteste Rute mit der geringsten Durchbiegung! Bauen Sie die Rute vor dem Kauf in voller Länge auf. Prüfen Sie, ob sie sich bequem halten läßt und ob sie nicht zu sehr durchhängt! Die Fertigmontagen sind immer mit genügend Bleischrot und einem Vorfach ausgestattet. Vorfächer und Bleischrot dienen Ihnen als Reserve, da man immer damit rechnen muß, daß ein Haken abreißt oder ein Schrot verlorengeht! Schauen Sie sich Ihre Fertigmontagen genau an, damit Sie sich in Kürze mit Hilfe zugekaufter Posen und Schnüre Ihre Montagen selbst herstellen können!

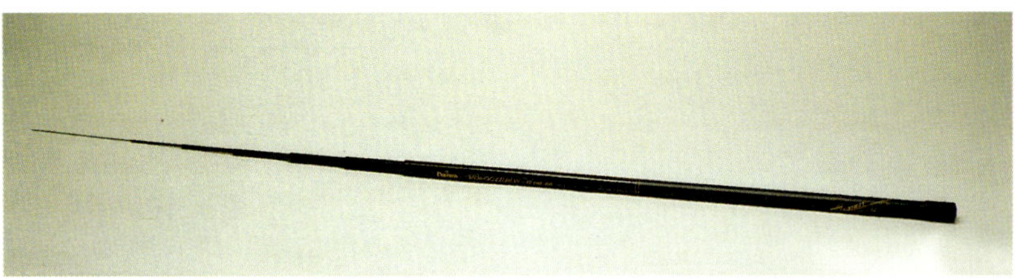

*Teleskop-Stipprute*

*Stonfo-Schnureinhänger für die Rutenspitze*

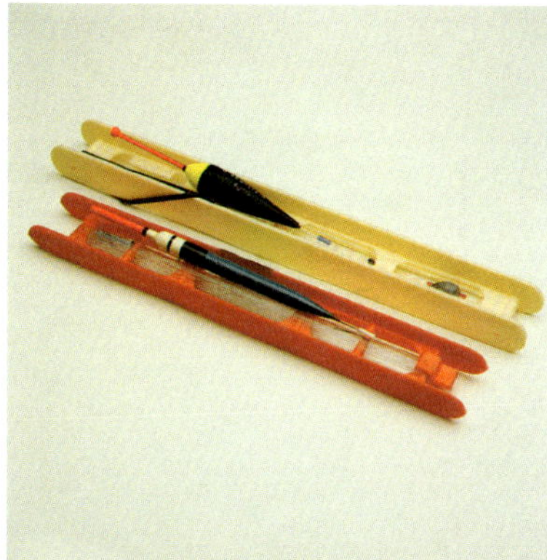

*Fertigmontagen für Stillwasser und für Strömung: Schnur, Pose, Blei und Haken auf Wickelbrettchen*

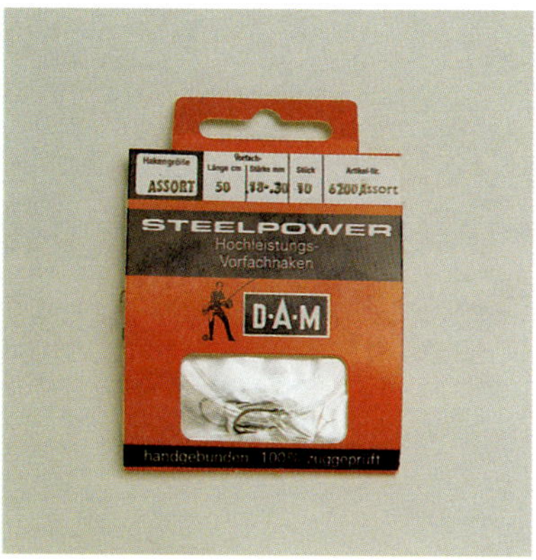


*Reserve-Vorfächer*

*Lotgewichte*

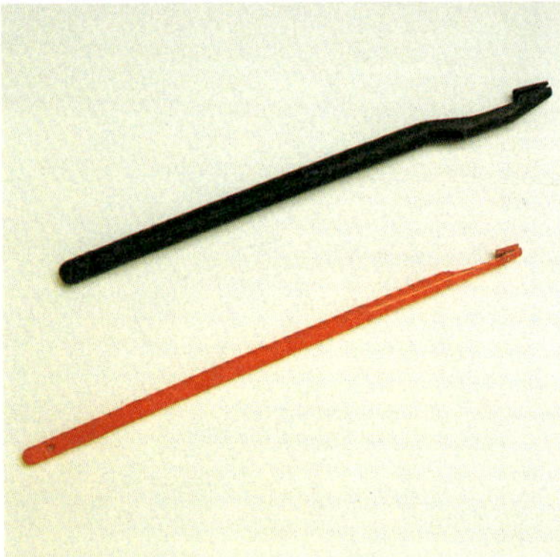

*Hakenlöser*

*Sortiment Bleischrot*

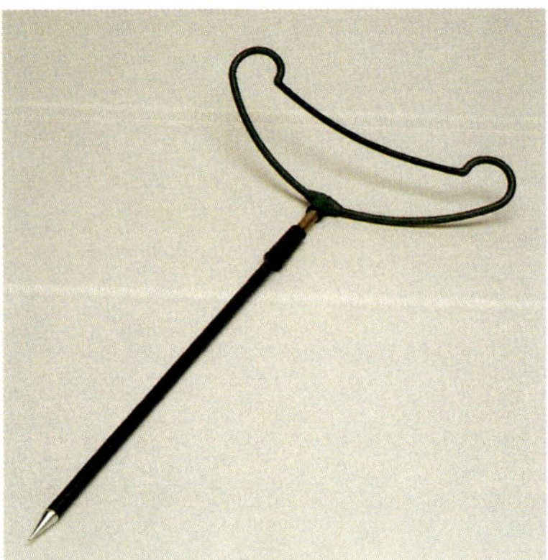

*Erdspieß mit Rutenaufleger*

*Gerätekiste*

*große Köderdose*

*kleine Köderdose*

*Futterbeutel mit Futtermischung*

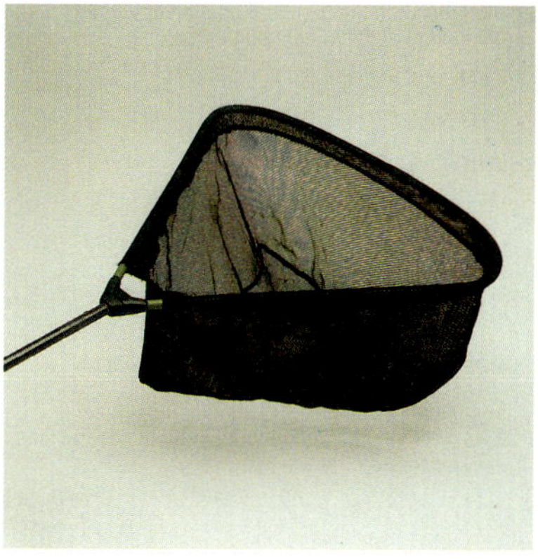

*flacher Friedfischkescher*

***Grundausrüstung:***
**Beringte Posenrute**

- Posenrute 4 m bis 6,50 m
- Kleine Stationärrolle und ein bis zwei Ersatzspulen
- Spulen gefüllt mit Monofilschnur: z.B. je 100 m 0,16 mm und 0,20 mm
- Je 25 m Vorfachschnur auf Minispule: z.B. 0,14 mm und 0,18 mm

Auswahl Posen:
- 1 schlanke Strömungspose in den Größen 2, 3, 4 und 5 g.
- 1 kompakte Strömungspose in den Größen 3, 4, 6, 8 und 10 g.
- 1 Stillwasser- und Kanaltropfen in den Größen 2, 3, 4 und 5 g.

Auswahl Waggler:
- 1 Pfauenfeder mit Körper (Bodied Peacock Waggler) in allen Größen

- Sortiment Haken Gr. 16 und Gr. 12
- Sortiment Bleischrot
- Sortiment Torpillen
- Kleine Karabiner
- Posenbefestiger (Silikonschuhe) für Waggler
- Sortiment Posengummis
- Stopperknoten und Glasperlen
- Hakenlöser
- Lotblei
- Kleine Schere
- Kleine Flachzange ohne Zähne
- Erdspieß mit Rutenauflage
- Gerätekiste
- Kleiner, flacher Unterfangkescher
- Köderboxen
- Futterbehälter

***Tip:*** Eine «Matchrute» mit 3,90 m oder 4,20 m setzen Sie auf kürzere Entfernung ein, oder mit Wagglern auch auf größere Distanz. Eine «Bolognarute» zwischen 5 m und 6,50 m verwenden Sie mit feinen Wettkampfposen auch an großen Gewässern auf Distanz! Diese Ruten werden als Teleskopruten gebaut und sind dabei dennoch leicht und straff! Da der Angler mit der Bolognarute steht, wenn er auf größere Entfernung fischt, und häufig am Ufer weiterwandert, um seine Fische zu suchen, ist für ihn ein Rucksack für das Zubehör günstig. Als Sitz empfiehlt sich für ihn ein kleiner italienischer Klapphocker mit Rutengabel, in der er seine Rute zum Anködern ablegen kann!

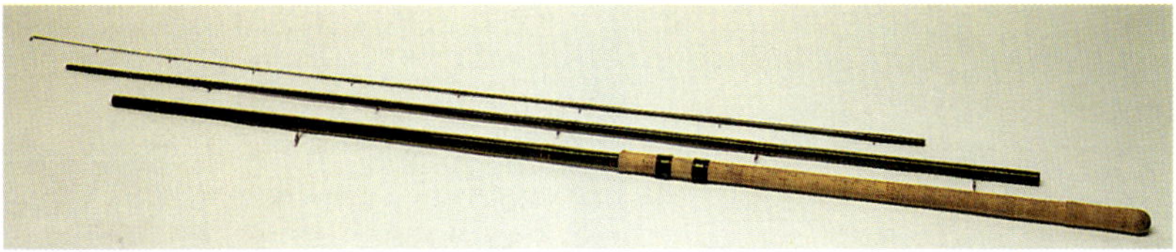

*kurze beringte Posenrute: englische Matchrute*

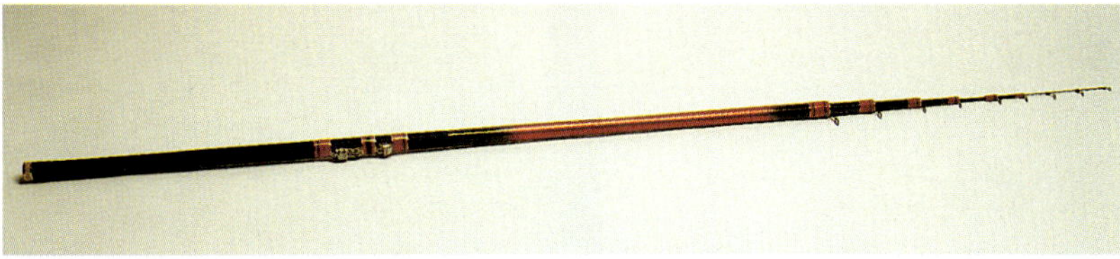

*lange beringte Posenrute: italienische Bolognarute*

*kleine Stationärrolle mit Ersatzspule*

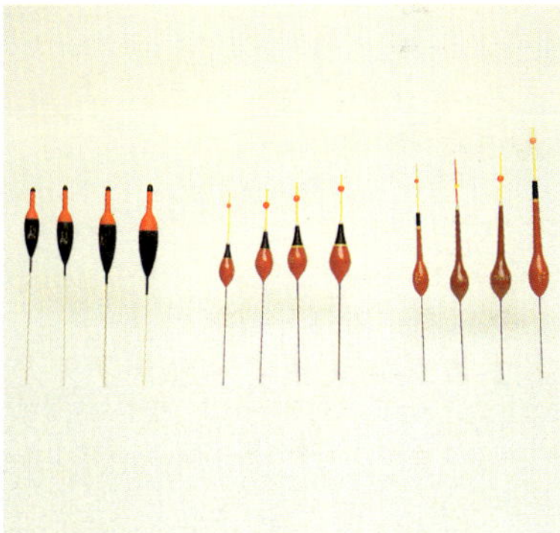

*Posensortiment für Strömung und für Stillwasser*

*englische Wackelposen (Waggler)*

*100 m-Spulen Angelschnur und 25 m-Vorfachspulen*

*Sortiment Bleischrot*

*Sortiment Bleitorpillen*

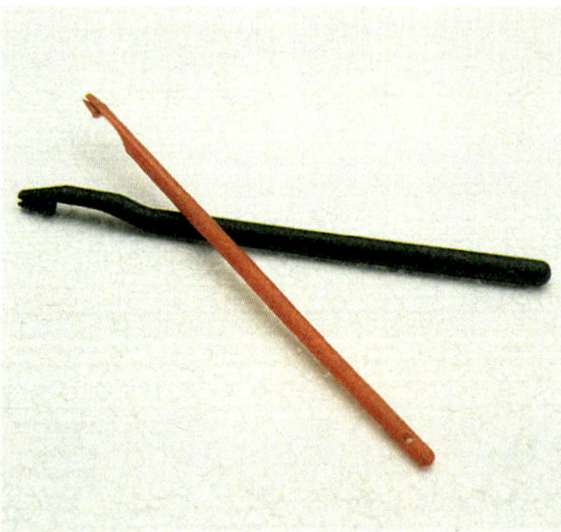

*kleiner und großer Hakenlöser*

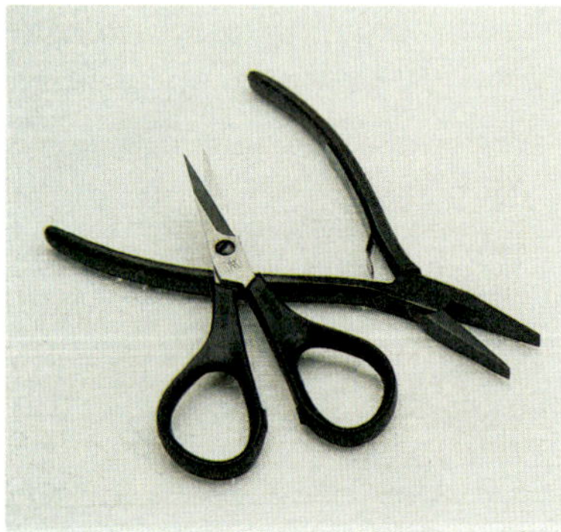

*Montageschere und Flachzange*

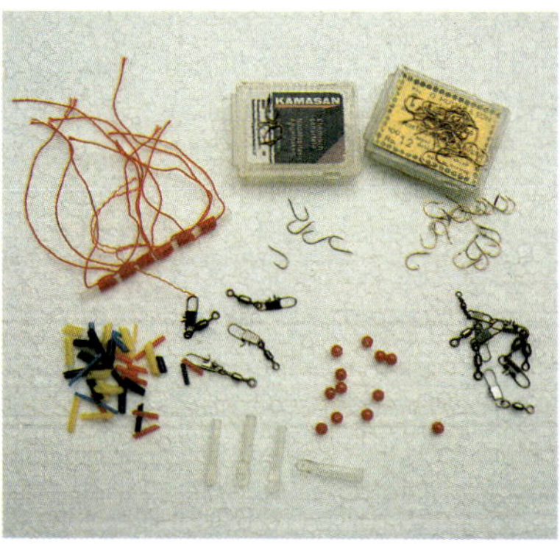


*Haken, Karabiner, Posengummis, Posenschuhe, Schnurstopper und Glasperlen*

*Lotblei*

*kleine und große Köderdose*

*Gerätekiste*

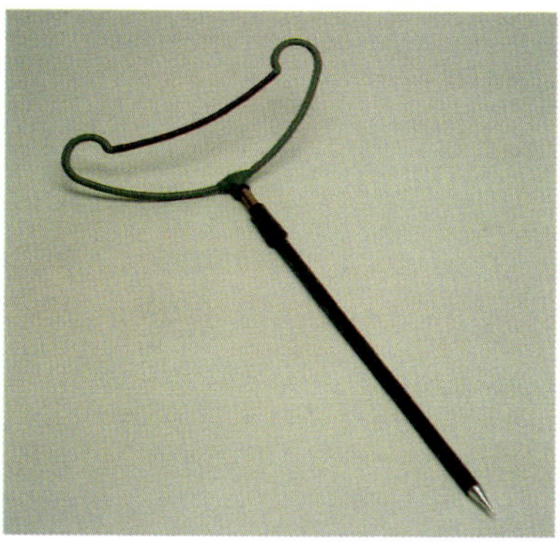

*Erdspieß mit Rutenaufleger*

*Futterbeutel mit Futtermischung*

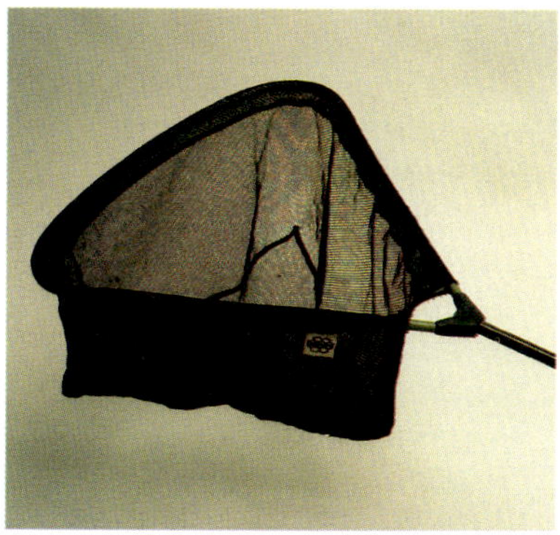

*flacher Friedfischkescher*

***Grundausrüstung:***
**Leichte Grundrute**

- Leichte Grundrute 3 m bis 3,30 m
- Bißanzeiger: Zitterspitze zum Einschrauben und Schwingspitze
- oder eine sog. «Feederrute» mit Zitterspitze zum Einstecken
- Mittlere Stationärrolle und Ersatzspule
- Spulen gefüllt mit Monofilschnur: z.B. je 100 m 0,20 mm und 0,25 mm
- je 25 m Vorfachschnur auf Minispule: z.B. 0,18 mm und 0,22 mm
- Sortiment Haken Gr. 14 und Gr. 10
- Sortiment Grundbleie: Birnenblei mit Wirbel und Öse 10 g bis 50 g
- Röhrchen mit Einhänger (Feeder Boom mit Leger Bead)
- Schnurlaufperlen mit Einhänger und Snap Link (Karabiner)
- Mehrzweckstopper
- Kleine Wirbel oder Karabiner
- Sortiment (für Grundfutter) offene und (für Maden) geschlossene Futterkörbchen
- 2 Erdspieße mit Rutenaufleger
- Hakenlöser
- Kleine Flachzange ohne Zähne
- Nagelschere
- Gerätekiste
- Mittelgroßer, tiefer Unterfangkescher
- Köderboxen
- Futterbehälter

***Tip:*** Eine Grundrute mit Gewindeendring ist universell – Sie können beliebig einen Bißanzeiger wie Schwingspitze oder Zitterspitze einschrauben oder sie ohne Bißanzeiger verwenden. Eine Feederrute dagegen ist professioneller – Sie können sie allerdings nur mit Zitterspitze verwenden! Beide Ruten sollten eine schnelle, semiparabolische Aktion besitzen. Mehrzweckstopper werden mit Plastikstiften geliefert, die für feine Schnüre zu dünn sind. Daher verwenden wir statt der Stifte Holz-Zahnstocher, die wir nach Bedarf kürzen. 10 mm-Stopper reichen, damit kein Blei mehr zum Haken durchrutscht!

*Grundrute mit Zitterspitze*

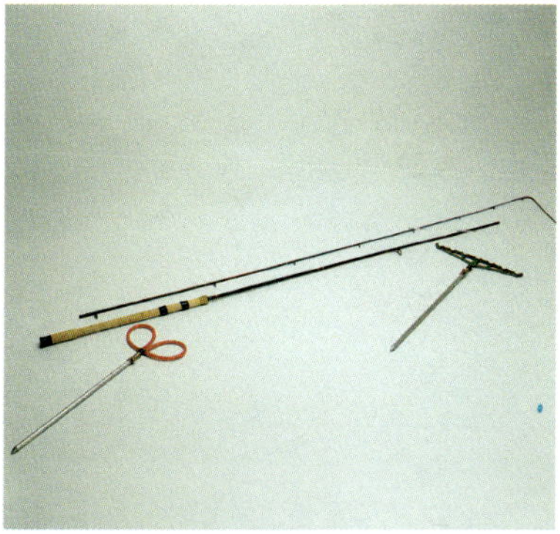

*Grundrute mit Schwingspitze, vorderer und hinterer Rutenaufleger*

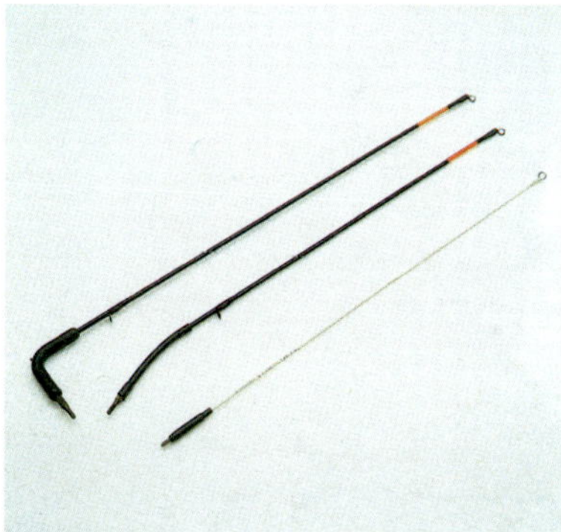

*Schwingspitzen und Zitterspitzen zum Einschrauben*

*mittlere Stationärrolle mit Ersatzspule*

*100 m-Spulen Angelschur und 25 m-Vorfachschnur*

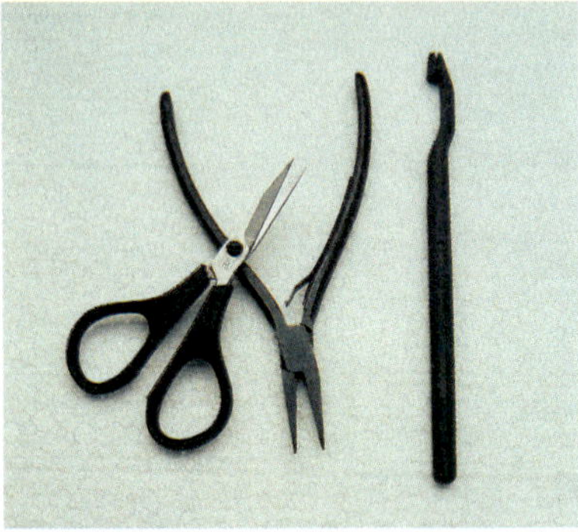

*Montageschere, Flachzange, Hakenlöser*

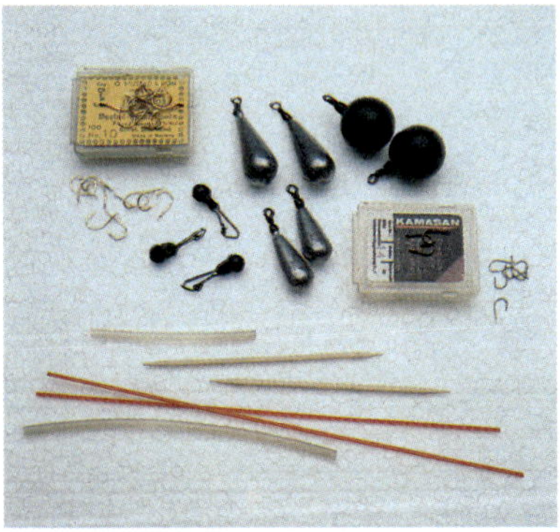


*Wurfbleie, Haken, Einhängerperlen mit Karabiner, Mehrzweckstopper*

*Gerätekiste*

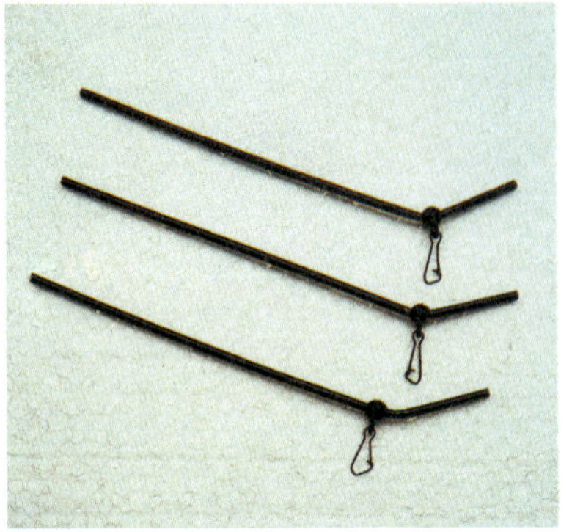

*Röhrchen mit Einhänger für Wurfblei*

*verschiedene Futterkörbchen*

*Köderdose*

*Futterbeutel mit Futtermischung*

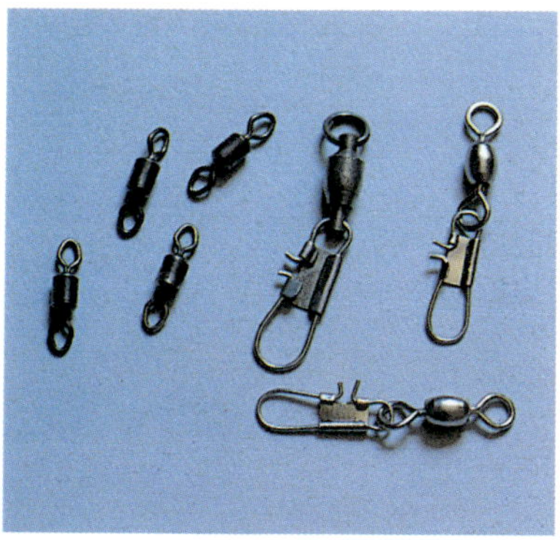

*Wirbel und Karabiner*

*Madendose*

*tiefes Landenetz für größere Fische*

***Grundausrüstung:***
**Schwere Grundrute**

- Grundrute 3,30 m bis 3,60 m und 60 g bis 150 g Wurfgewicht
- Bißanzeiger: Hängebobbin oder Swinger
- Raubfischposen (Laufposen) 10 g bis 40 g Tragkraft
- Große Stationärrolle und Ersatzspule
- Spulen gefüllt mit Monofilschnur: z.B. je 100 m 0,30 mm und 0,40 mm
- Vorfächer: Monofil 0,25 mm und 0,35 mm für Friedfisch,
- Kevlar oder Stahlvorfach für Raubfisch
- Sortiment Einzelhaken Gr. 8 bis 1/0 und Drillinge Gr. 3/0
- Sortiment Grundbleie: Birnenblei mit Wirbel und Öse 20 g bis 100 g
- und Bleikugeln mit Mittelbohrung 10 g bis 40 g
- Röhrchen mit Einhänger (Feeder Boom mit Leger Bead)
- Anti Tangle-Tuben mit Einhänger (30 cm Tube mit Leger Bead)
- Starke Wirbel oder Karabiner
- Gummiperlen
- 2 Erdspieße mit Rutenaufleger
- Arterienklemme
- Nagelschere
- Kleine Flachzange ohne Zähne
- Gerätekiste
- Tiefer Großraumkescher
- Köderboxen
- Versorgungsmatte

***Tip:*** Schwere Grundruten dürfen eine ruhige, durchgehende Aktion haben. Ihr Gewicht ist nicht entscheidend, da sie meist in den Rutenhaltern liegen. Wichtig ist, daß sie der Belastung durch einen großen Fisch zuverlässig standhalten! Eine Arterienklemme eignet sich bei großen Haken besser zum Lösen als ein Hakenlöser! Der Vorteil eines Bobbins oder Swingers als Bißanzeiger liegt darin, daß er universell an jeder Rute verwendet werden kann!

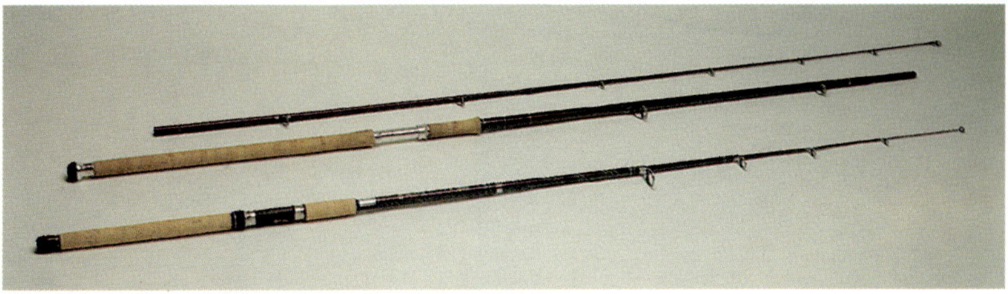

*schwere Hecht-Steckrute und Karpfen-Teleskoprute*

*große Stationärrolle und Ersatzspule*

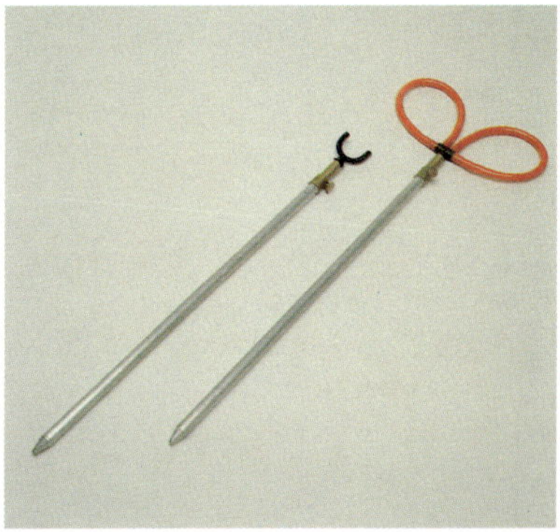

*Erdspieße mit vorderem und hinterem Rutenaufleger*

*100 m-Spulen Angelschnur und 25 m-Vorfachspulen*

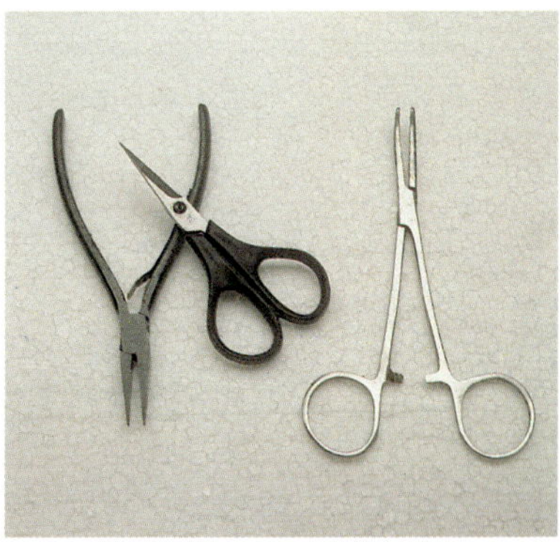

*Montageschere, Flachzange und Arterienklemme, um größere Haken zu lösen*

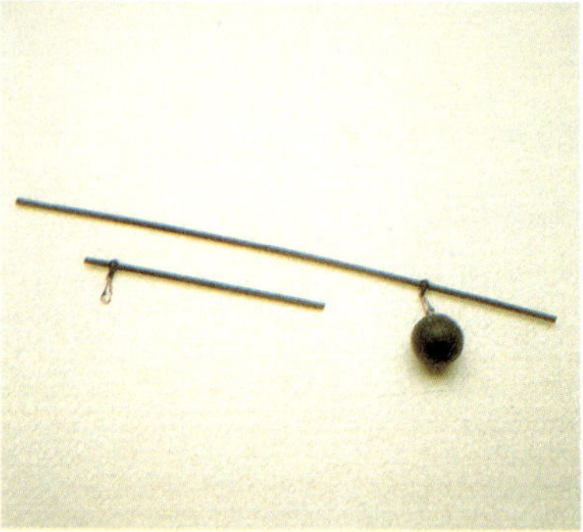

*Anti Tangle-Tube mit Einhänger und Seitenblei, Röhrchen mit Einhänger*

*Bleikugeln und Seitenbleie (Wurfbleie)*

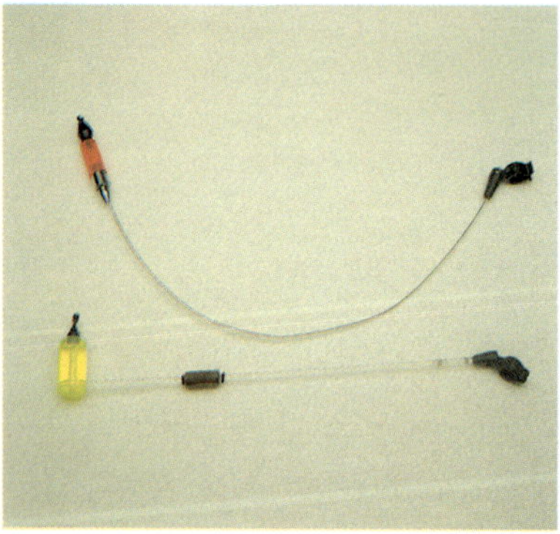

*Zwei mechanische Bißanzeiger: Hängebobbin und Swinger*

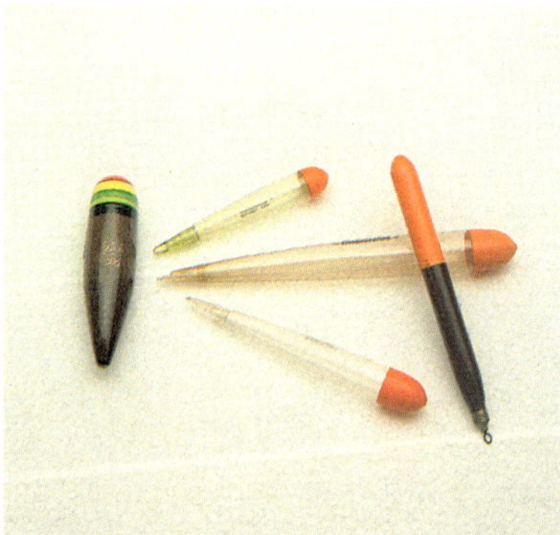

*Sortiment Raubfischposen*

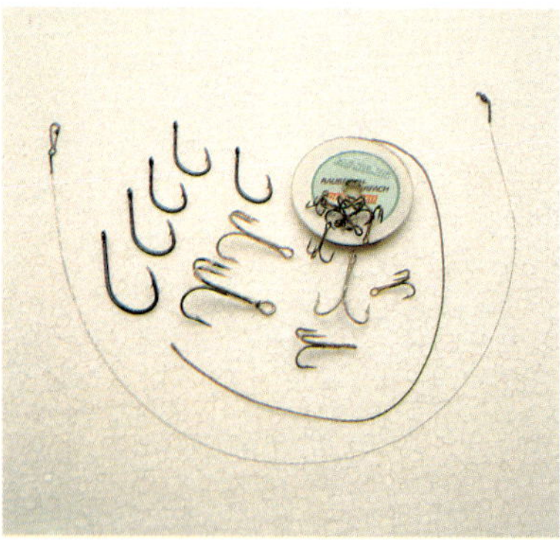

*Stahlvorfach und Kevlar-Vorfach für Raubfische, große Einzelhaken, Drillingshaken*

*große Wirbel und Karabiner, Gummiperlen*

*Gerätekiste und Gerätetasche*

*Köderbox*

*Madenbox*

*Großraumkescher für sehr große Fische*

*Versorgungsmatte*

***Grundausrüstung:***
**Spinnrute**

- Spinnrute 2,40 m bis 2,80 m
- Kleine bis mittlere Stationärrolle und Ersatzspule(n)
- Schnur: z.B. Monofil und geflochtene Dyneema 0,15 mm bis 0,25 mm
- Raubfischvorfach: z.B. Kevlar und geflochtenes Stahlvorfach
- Starke Karabiner
- Kugelbleie 10 g bis 50 g
- Sortiment Bleiköpfe
- Sortiment Kunstköder
- Köderschachteln
- Umhängetasche
- Landegerät: mittelgroßer Kescher mit großen Maschen und Gaffhaken
- Zange
- Rachensperrer oder dicker Lederhandschuh

***Tip:*** Da der Spinnfischer die ganze Zeit über in Bewegung ist, sollte er darauf achten, seine Ausrüstung so weit wie möglich zu beschränken! Die Rute sollte möglichst leicht sein und eher eine spitzenbetonte Aktion haben, damit Sie weit und zielgenau werfen können! Für leichtes Spinnfischen nehmen Sie eine Rute bis 30 g, für schweres bis 80 g Wurfgewicht. Wenn Sie eine Rolle speziell für das Spinnfischen kaufen wollen, achten Sie für eine langsame Köderführung auf eine niedrige Übersetzung bis 1 : 4! Um Ihre Hände beim Abhaken des Fisches vor Bissen zu schützen, verwenden Sie einen Rachensperrer oder einen Lederhandschuh!

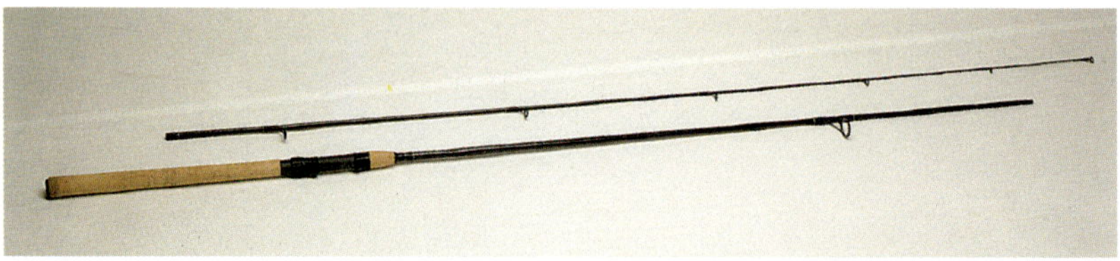

*Spinnrute*

*mittlere Stationärrolle mit Ersatzspule*

*eine Spule Monofilschnur, eine Großspule mit geflochtener Dyneema-Schnur*

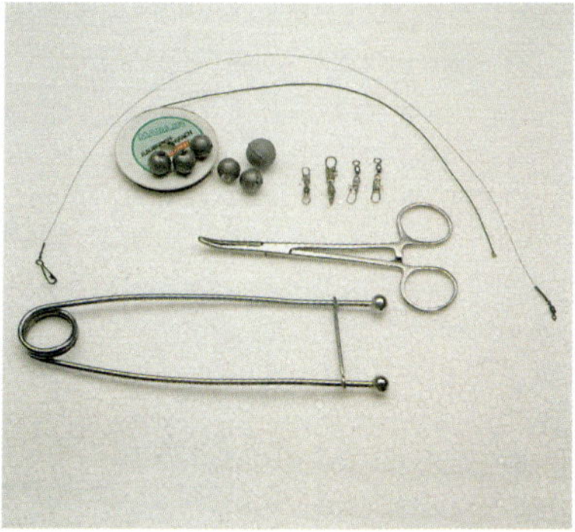

*Raubfischvorfächer, Bleikugeln, Karabiner, Arterienklemme, Rachensperre*

*Sortiment Kunstköder und Bleiköpfe*

*Spezielle Kunstköderboxen*

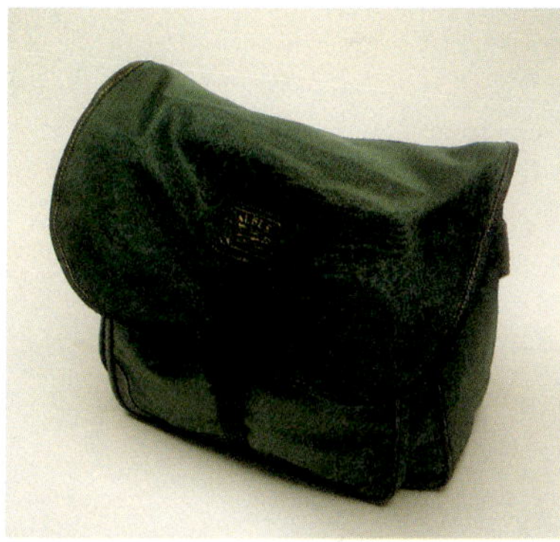

*Gerätetasche*

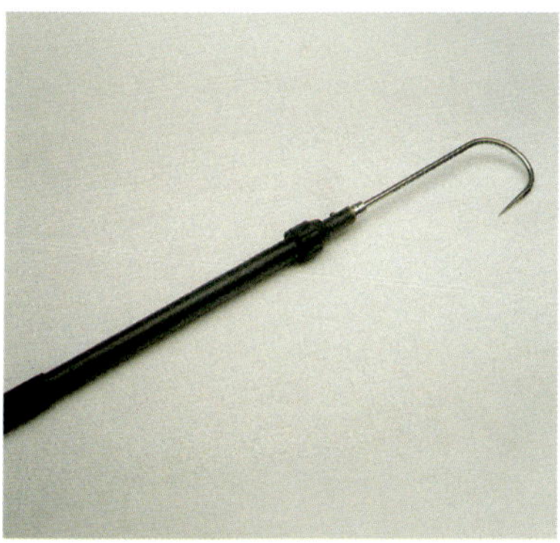

*Gaffhaken*

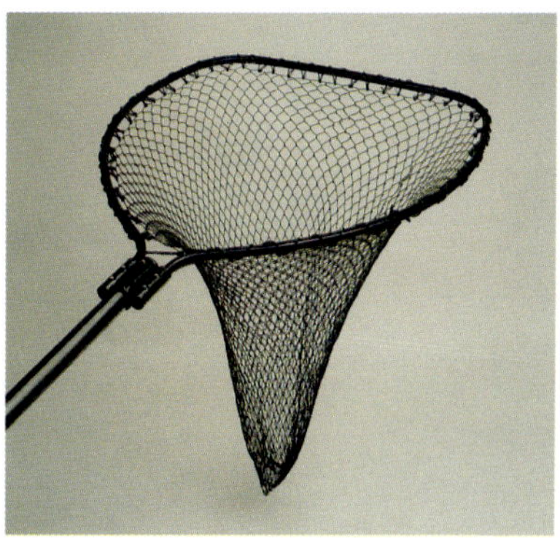

*großmaschiger Raubfischkescher*

**Nützliches allgemeines Zubehör**

- Angler-Regenschirm (außer Spinnfischer)
- Warme Regenkleidung: Regenjacke mit Kapuze, Gummistiefel, derbe Hose
- Thermoskanne
- Polaroid-Sonnenbrille
- Rutenfutteral für den Transport
- Außer Spinnfischer: Sitzkiepe oder Angelstuhl + Rucksack
- Für das Nachtangeln: Taschenlampe und Knicklichter
- Elektrischer Bißanzeiger
- Waage, Wiegesack und Maßband
- Rutenpodest (Rod Pod)
- Fisch-Schlegel und Messer
- Katapult
- Hakenbinder
- Ködernadel
- Bread Punch
- Fotoapparat
- Wasserlösliches Tipp-Ex

***Tip:*** Eine *Sitzkiepe* ist Gerätekiste und Sitz in einem, ein *Rucksack* läßt sich auf längeren Wanderungen besser tragen. Eine *Sonnenbrille* ist in jedem Fall nützlich, falls die Sonnenstrahlen auf dem Wasser reflektieren – eine *Polaroidbrille* ermöglicht zusätzlich, auch tieferstehende Fische zu beobachten! *Elektrische Bißanzeiger* sind bei längeren Angeleinsätzen äußerst nützlich. Mit einem *Rod Pod* lassen sich Ruten auf jedem Untergrund, auch auf Stegen, standfest ablegen. Ein *Hakenbinder* (manuell oder elektrisch) macht das Anbinden eines Plättchenhakens schnell und komfortabel. Mit einer *Ködernadel* lassen sich Köder wie Boilies oder Fischfetzen sehr leicht aufziehen. Ein *Bread Punch* sticht hakengerechte Stücke aus Ködern wie Brot, Käse, Kartoffel oder Frühstücksfleisch. Ein *Foto* ist das Mittel, sich die Erinnerung an einen gefangenen und wieder zurückgesetzten Fisch auch über lange Zeit zu bewahren! Mit einem Punkt *Tipp-Ex* (Korrekturmittel aus der Schreibwarenhandlung) markieren Sie die gelotete Tiefeneinstellung Ihrer Pose auf der Rute und wischen es nach dem Angeln mit dem nassen Daumen wieder ab!

*Rutenfutteral*

*Regenjacke, Anglerhose, Gummistiefel*

*Anglerschirm*

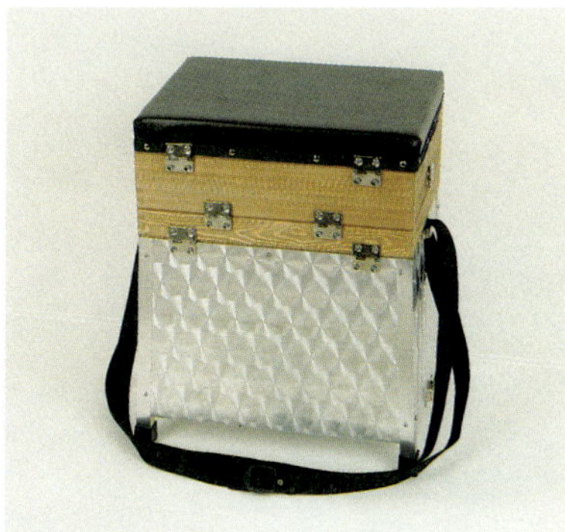

*Sitzkiepe*

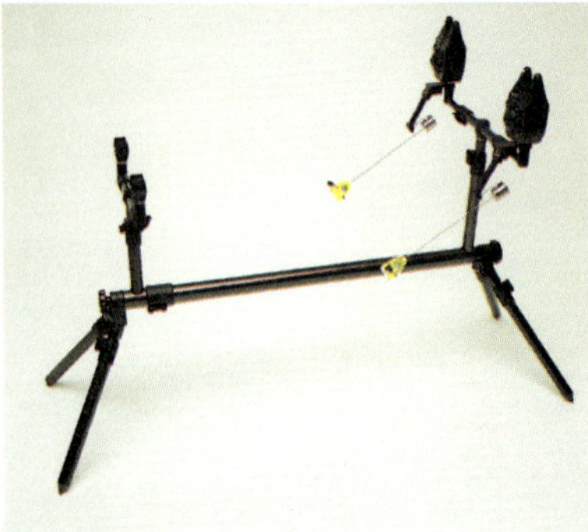

*Rod Pod mit elektrischen Bißanzeigern, mechanischen Bißanzeigern (Swinger) und hinteren Rutenauflegern*

*Köderkatapult*

*elektrischer Hakenbinder*

*Wiegesack, Waage, Maßband*

*Polaroid-Sonnenbrille*

*Taschenlampe und Knicklichter für die Nachtangelei*

*Thermosflasche*

*Fischmesser*

*Fotoapparat*

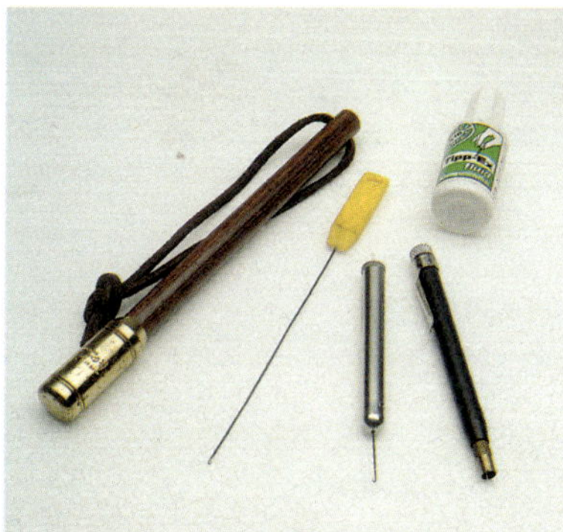

*Fischtöter, Ködernadeln, Bread-Punch zum Ausstechen von Brotflocken, Tipp-Ex*

# *Die Montagen:*
## *Wie wir unsere Angel aufbauen*

### Knoten binden

***Tip:*** Binden Sie alle Knoten zu Hause mit starker Schnur (z.B. 0,40er) so lange, bis Sie sie «blind» beherrschen. Sie werden dabei feststellen, daß sich alle hier gezeigten Knoten leichter binden lassen als es in den Zeichnungen aussieht! Ziehen Sie die Knoten nach dem Binden vorsichtig zusammen. Feuchten Sie sie vor dem Festziehen an!

***Schlaufenknoten***
Dient dazu, eine Schlaufe an ein Schnurende zu binden – z.B. um ein Vorfach einzuhängen. Die Schlaufe wird 2 x durchgezogen.

***Vorfach einschlaufen***
Bei sehr feinen Montagen wie beim Posenfischen wird kein Wirbel zwischengeschaltet, sondern das Vorfach direkt in die Hauptschnur eingeschlauft.

***Schaftknoten***
Mit diesem Knoten werden Plättchenhaken per Hand an das Vorfach gebunden, wenn kein Hakenbinder zur Verfügung steht.

***Grinnerknoten***
Mit diesem Knoten werden Öhrhaken an das Vorfach und Wirbel an die Hauptschnur gebunden.

***Stopperknoten***
Dient dazu, einen verschiebbaren Knoten auf die Schnur zu binden, um die Tiefeneinstellung einer Laufpose verstellen zu können oder als Hinterstopper eine Fluchtmontage zu fertigen.

***Wasserknoten***
Mit diesem Knoten werden zwei Schnüre miteinander verbunden, z.B. zur Herstellung einer Paternostermontage.

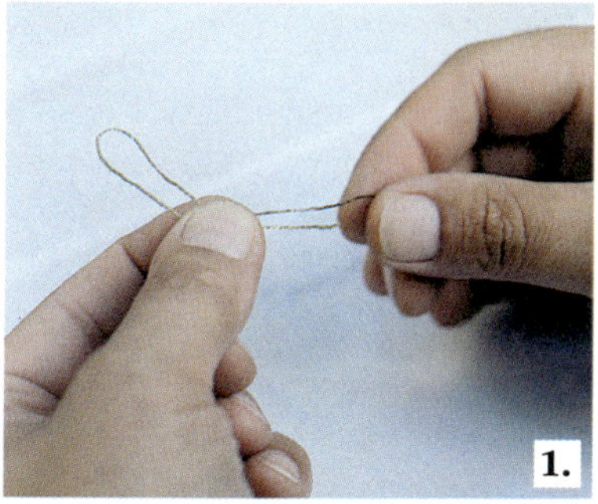


***Schlaufenknoten:*** *Schnur doppelt legen und mit der doppelten Schnur einen Kreis formen.*

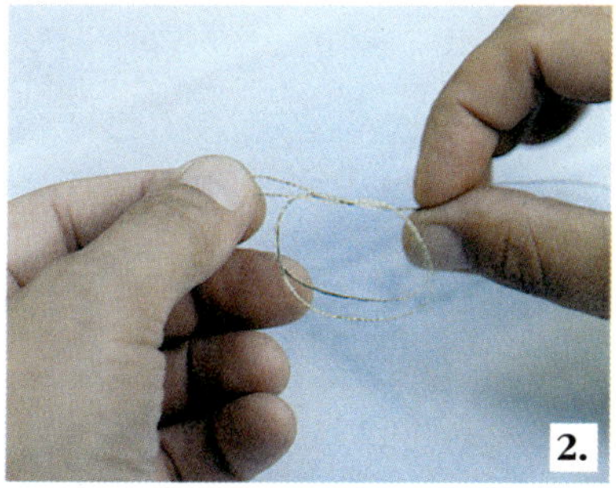


*Schlaufenende 2 x durch den Kreis stecken.*

*Knoten an beiden Seiten fest fassen und festziehen.*

***Vorfach einschlaufen:*** *Schlaufen an die Enden von Hauptschnur und Vorfachknoten. Vorfachschlaufe durch Hauptschnurschlaufe stecken.*

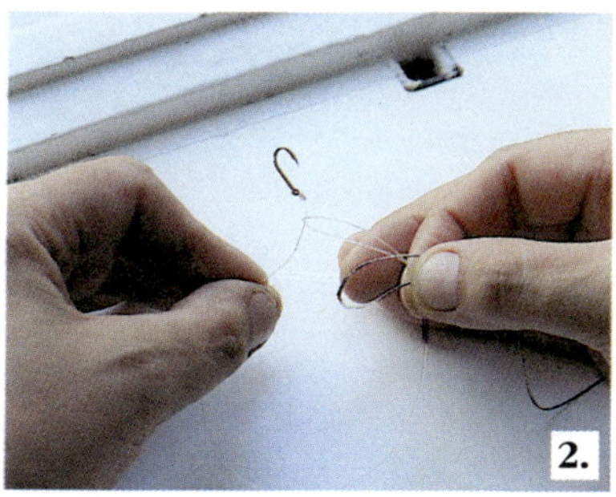


*Hakenende des Vorfaches durch die Vorfachschlaufe stecken.*

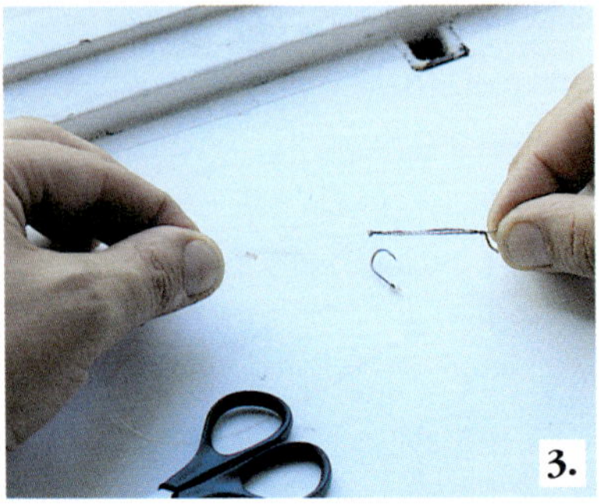


*Knoten an beiden Enden fassen und festziehen.*

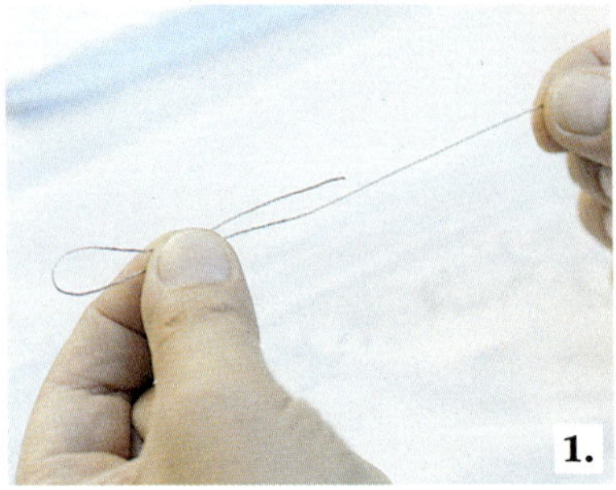


***Schaftknoten:*** *Schnur doppelt legen.*

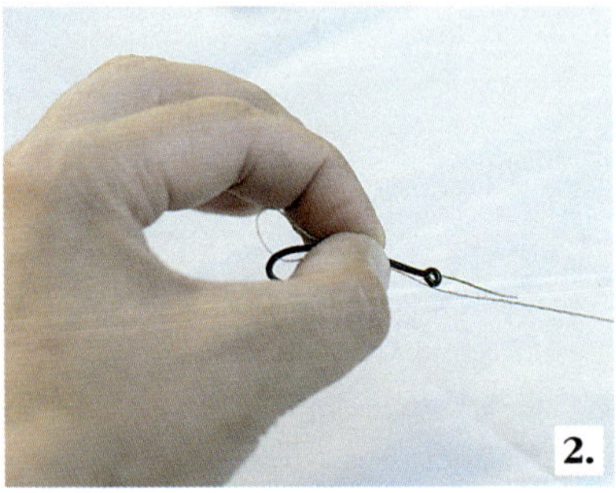


*Doppelt gelegte Schnur an den Haken legen. Langes Schnurende liegt unter dem Hakenschenkel, Hakenbogen zeigt nach unten.*

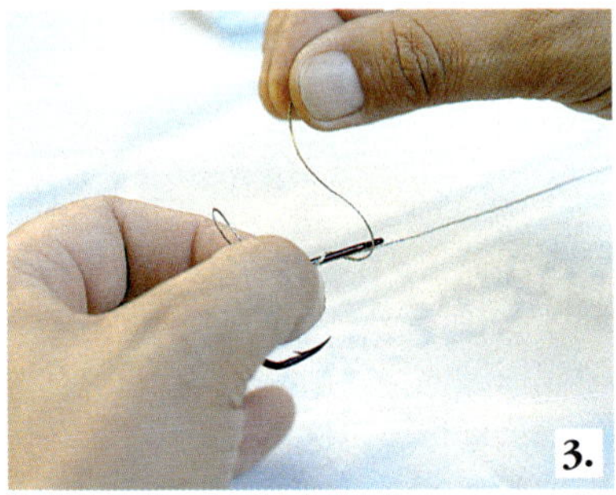


*Kurzes Schnurende 6–8 mal um lange Schnur und Hakenschenkel wickeln, langes Schnurende bleibt dabei glatt unter dem Hakenschenkel liegen.*

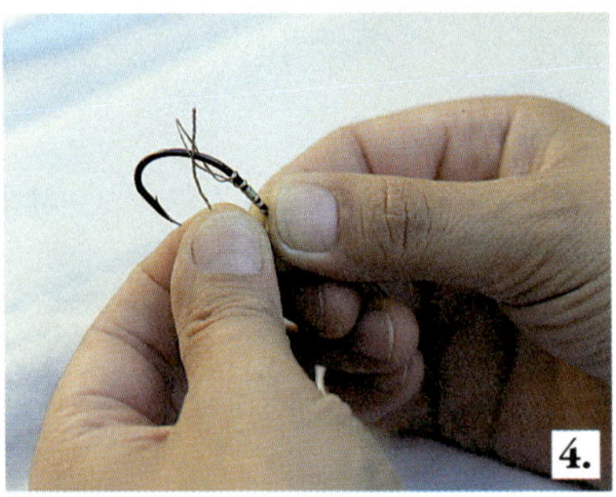


*Kurzes Schnurende durch die kleine Schlaufe am Hakenboden stecken.*

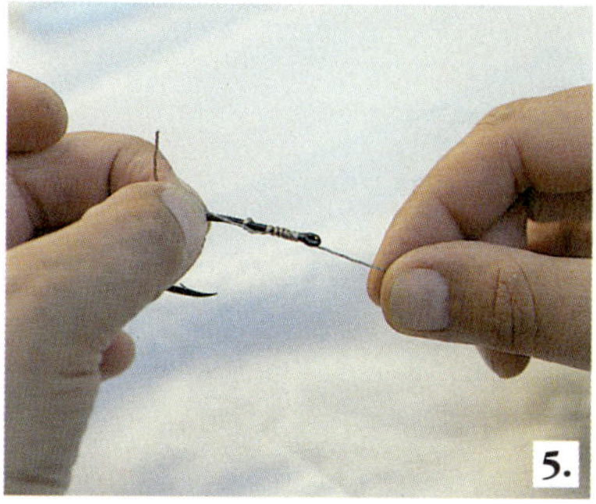


*Haken und Schnurende mit der linken Hand festhalten – Knoten am langen Schnurende festziehen.*

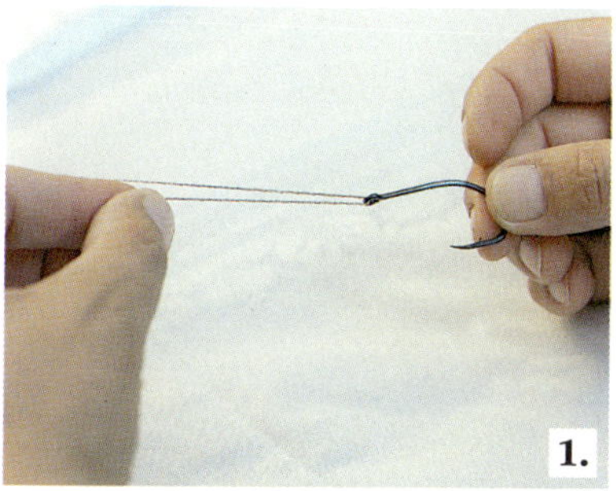


***Grinnerknoten:*** *Schnur durch Hakenöhr oder Wirbelöse stecken und doppelt legen.*

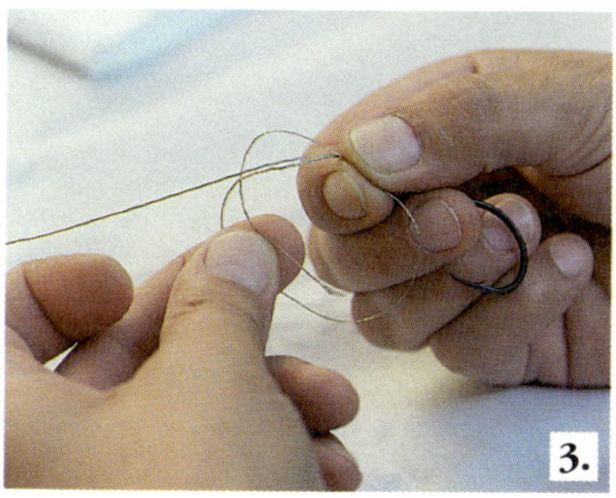


*Kurzes Schnurende 5 mal um Schlaufe und lange Schnur wickeln.*

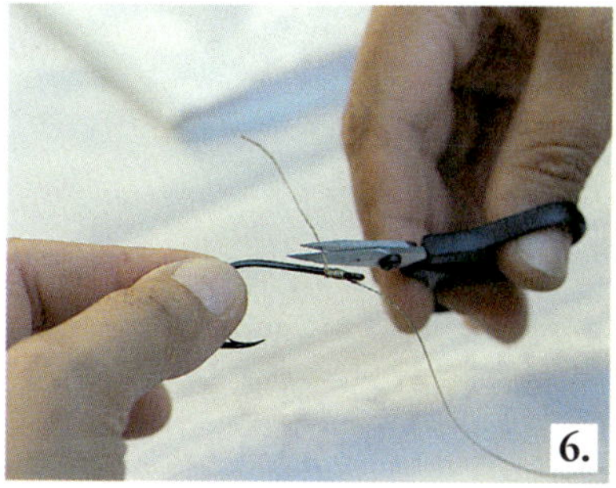


*Kurzes Schnurende abschneiden.*

***Tip:*** *Der Knoten bindet sich am leichtesten an straffer Schnur: erst Rute montieren und Vorfach an die Hauptschnur knüpfen, dann Schnur gegen die Rute straffen und Haken anbinden!*

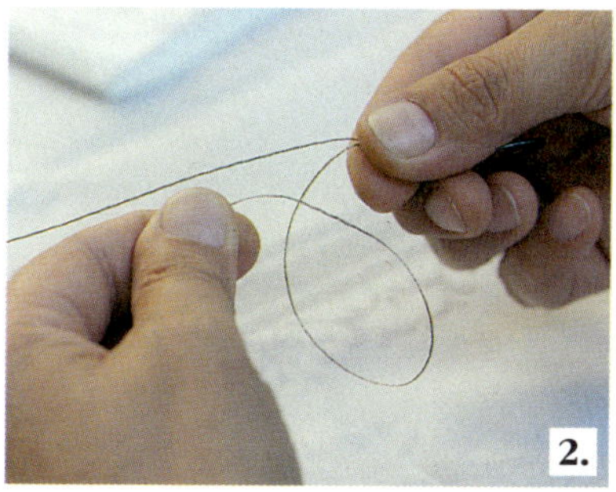


*Kurzes Schnurende in einen Kreis formen und neben die lange Schnur legen.*

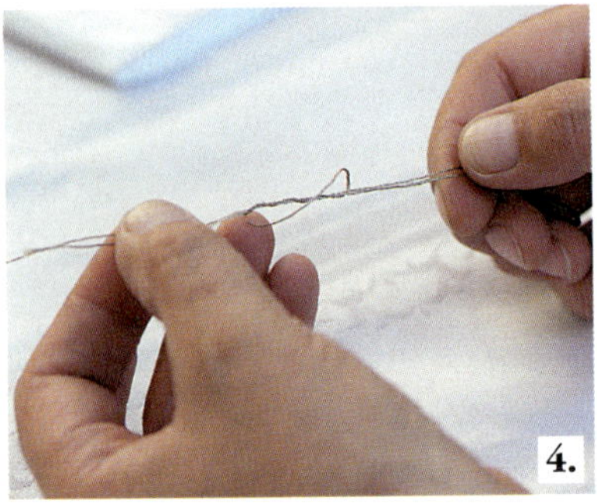


*Hakenende und Schnurenden fassen und festziehen.*

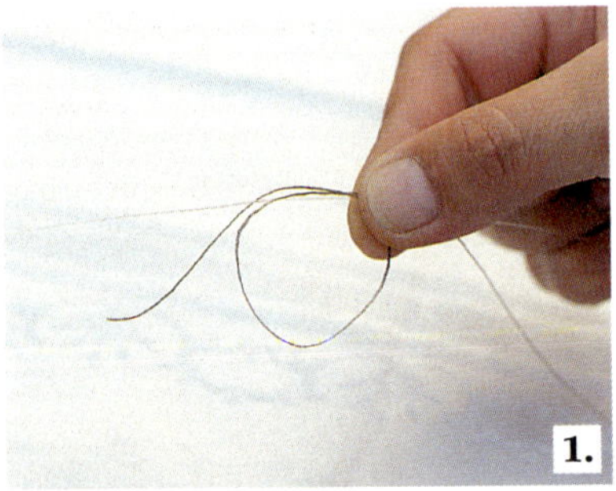


***Stopperknoten:*** *Mit 20 cm weicher, geflochtener Schnur (z.B. starkes Nähgarn) eine Schlaufe formen. Schlaufe neben die Schnur legen, auf die der Stopperknoten gebunden werden soll.*

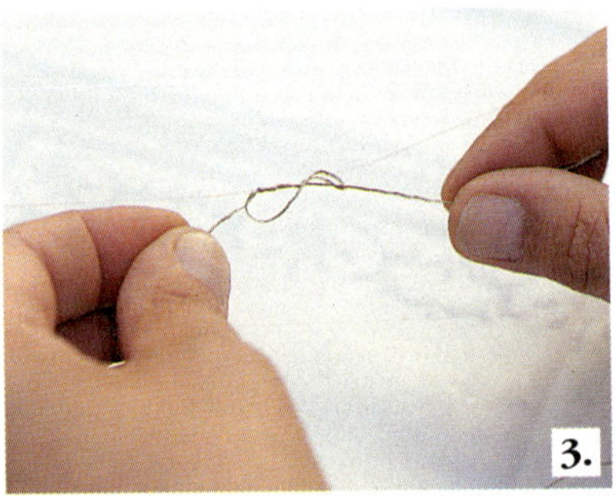


*Beide Enden des Stopperknotens festziehen.*

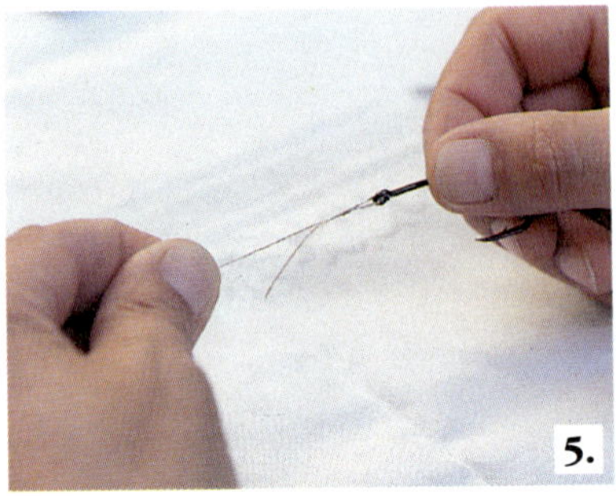


*Knoten rutscht bis zum Öhr herunter. Kurzes Schnurende abschneiden.*

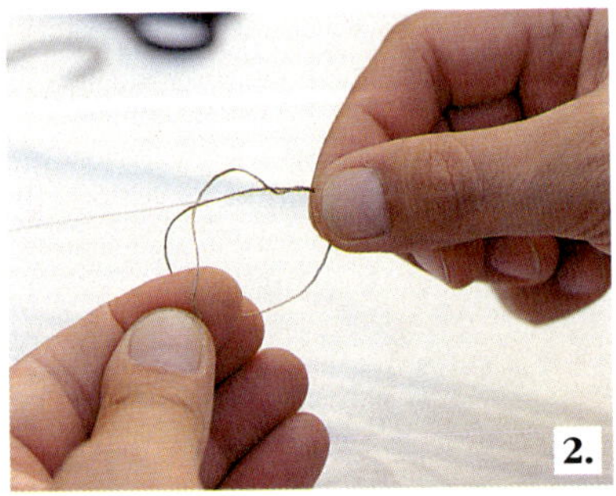


*Ein Schnurende der weichen Schnur 4 mal um Angelschnur und Schlaufe wickeln.*

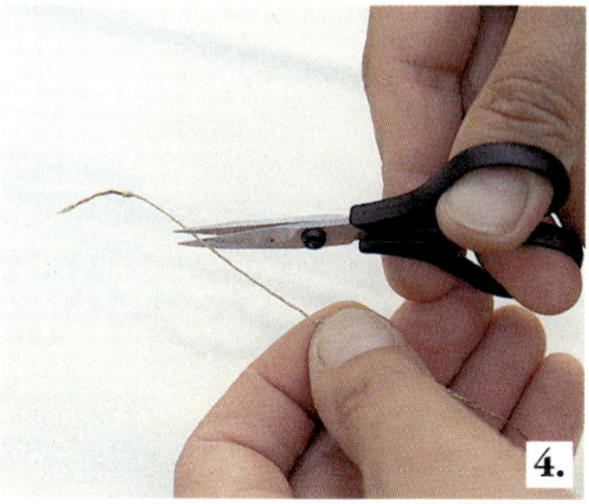


*Beim Abschneiden die Enden 2–3 cm stehen lassen, damit der Knoten später bei Bedarf nachgezogen werden kann!*
***Tip:*** *Der Stopperknoten läßt sich leichter auf eine straffe Schnur binden – z.B. Den Haken an der fertig montierten Rute in den Rollenbügel hängen!*

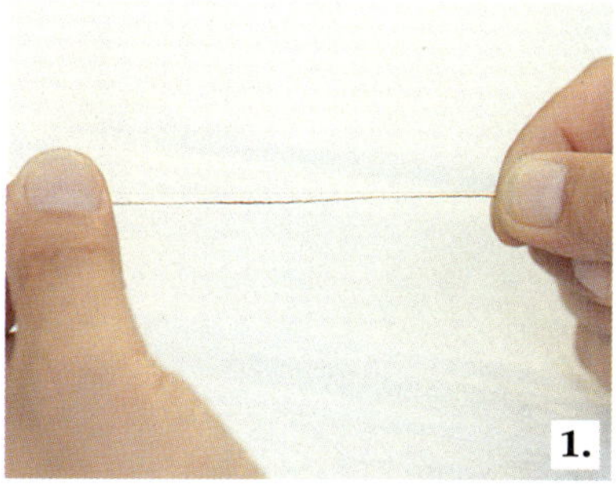


***Wasserknoten:*** *Die beiden Schnüre, die miteinander verknotet werden sollen, in der gewünschten Länge nebeneinander-legen.*

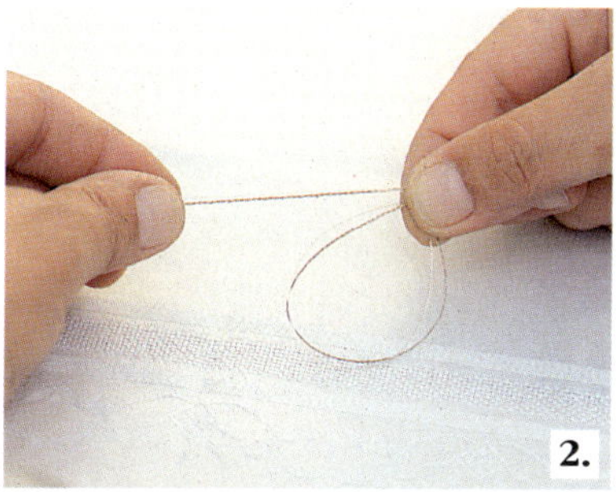


*Mit beiden Schnüren zusammen eine Schlaufe legen.*

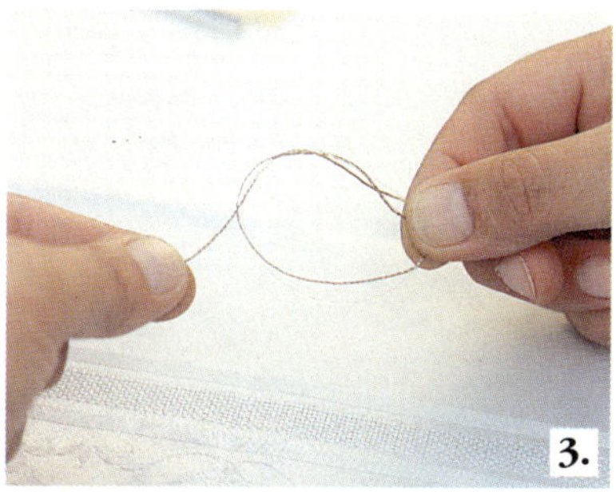


*Die beiden freien Enden zusammen 2 mal um die Schlaufe wickeln.*

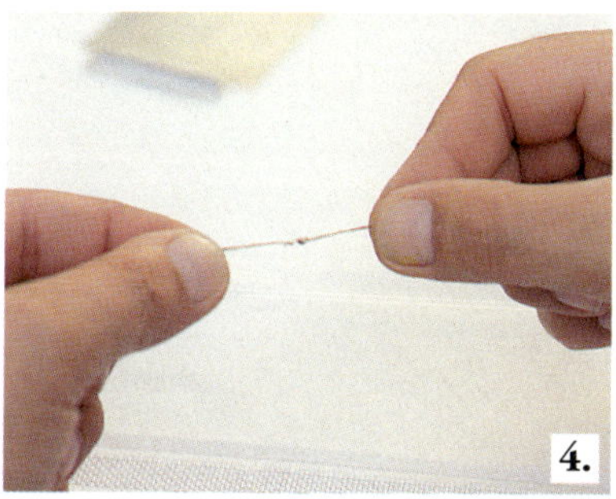


*Beide Seiten gleichzeitig festziehen und überstehendes Ende abschneiden.*

**Kleine Posenlehre**

Posen werden in verschiedenen Formen und Größen angeboten. Warum? Weil wir unsere Montage den unterschiedlichsten Gewässern und Verhältnissen wie Wind und Strömungsstärke und der Wurfentfernung anpassen müssen!

### *Posengröße und Posenform*

Die richtige *Größe* hilft uns, die gewünschte Wurfentfernung zu erreichen und die Montage bei Strömung in ihrer Spur zu halten, ohne daß sie sofort auf unser Ufer zugetrieben wird. Die Pose ist zu klein, wenn wir mit einem lockeren Wurf nicht unsere Entfernung erreichen oder sie sich flach auf das Wasser legt, sobald wir sie leicht zurückhalten!

Mit der *Form* passen wir die Pose der Strömungsstärke an. Bei Stillwasser auf kurze Entfernung wählen wir eine schlanke Stabform. Bei leichter Strömung im See oder im Kanal wählen wir einen langgezogenen, schlanken Tropfen. Je stärker die Strömung wird, desto kompakter, also kürzer und dicker wird der Tropfen. Die Tropfenpose läßt sich sehr gut «führen» – wir können ihren Lauf verzögern, indem wir sie an straff gehaltener Schnur zurückhalten. Die umgekehrten Tropfen sind ebenfalls für die Strömung gedacht. Sie treiben «ungeführt», ohne von uns zurückgehalten zu werden, in der Strömung. Ihr Vorteil: Vorfach und unterstes Blei dürfen auf dem Grund nachschleifen, falls er glatt und hindernisfrei ist. Der Lauf der Montage verzögert sich dabei von selbst und der Köder wirkt wie ein langsam in der Strömung trudelndes Nahrungsteilchen! Die Engländer haben die sog. Waggler – zu deutsch «Wackelposen», erfunden. Sie werden mit einem speziellen Posenschuh oder Minikarabiner nur an ihrem unteren Ende aufgehängt (siehe Montage: *Beringte Posenrute*). So kann die Schnur zwischen Rute und Pose

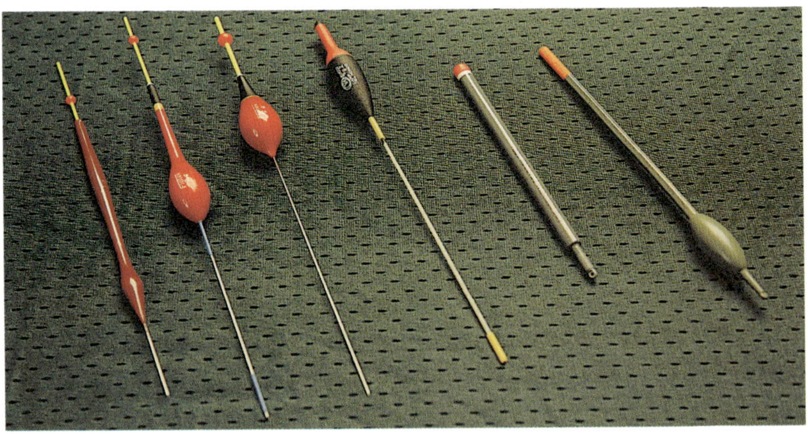

*Basissortiment Posen: Stabpose, schlanker Tropfen, kompakter Tropfen, Bolognapose (umgekehrte Tropfenform), Straight Waggler, Bodied Waggler mit Schwimmkörper.*

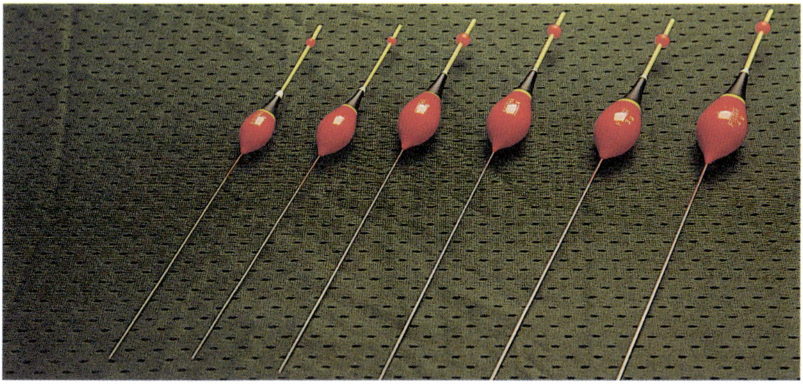

*Posengröße 1–6 g, Posenform: kompakter Tropfen.*

unter Wasser gezogen werden – eine hervorragende Idee, wenn stromab, bzw. über den See fegender Wind in die Schnur greift und die Montage regelmäßig abgetrieben wird! Waggler mit einem Schwimmkörper auf ihrem unteren Ende tragen mehr Blei als die schlanken und lassen sich deshalb weiter werfen.

***Bebleiung***

Die Tragkraft ist jeder Pose in Gramm aufgedruckt. Die Engländer haben ein eigenes System: auf ihren Wagglern steht das Gewicht in BB, AAA und SSG.

*Als Umrechnungshilfe:* 1 BB = 0,4 / 1 AAA = 0,8 g / 1 SSG = 1,7 g.

Dabei dienen die Angaben nur zur ungefähren Orientierung – wir sollten ihr genaues Gewicht zu Hause im Eimer überprüfen und mit wasserfestem Filzstift auf jedem Waggler notieren!

Alle Posen werden mit Spaltschrot und durchbohrten Bleitorpillen so ausgelastet, daß nur noch ihre Antenne aus dem Wasser ragt. Dabei sitzt alles Blei auf der Hauptschnur zwischen Pose und Vorfach! Bei kleineren Posen verteilen wir die Tragkraft auf 10 bis 12 gleichgroße Schrote. Je langsamer die Strömung, desto größer der Abstand zwischen den einzelnen Schroten. Bei größeren Posen schieben wir eine Torpille auf die Hauptschnur, die etwa 2/3 bis 3/4 der Pose auslastet – die restliche Tragkraft wird auf 6 bis 10 gleichgroße Schrote verteilt, die direkt über dem Vorfach sitzen.

Bei Wagglern ist die Bebleiung von oben nach unten abgestuft. Der Waggler wird (außer als Laufpose – siehe *Montagen: Beringte Posenrute*) links und rechts mit 3 bis 4 großen Schroten fixiert, die den Schwimmkörper nahezu auslasten. Je nach Gewässertiefe etwa 60 cm bis 1 m über dem Vorfach sitzen 3 mittelgroße Schrote, direkt über dem Vorfach dann 3 kleine Schrote.

Wie die Tiefe des Wassers mit der Pose ausgelotet und richtig eingestellt wird, ist im Kapitel *Die Angelpraxis* beschrieben!

***Montage:***
**Stipprute**

***Teleskoprute***

Eine Posenmontage auswählen: im See ohne Unterströmung eine Stabpose, im Kanal oder im See mit leichter Strömung einen langgezogenen Tropfen, bei stärkerer Strömung eine kompakte Pose.

Spitzenteil der Rute ausziehen.

Endschlaufe der Schnur in dem Stonfo-Einhänger befestigen.

Die Rute senkrecht nach oben halten.

Von der Spitze aus Teil für Teil der Rute ausziehen und dabei die Montage von dem Wickelbrettchen rollen.

***Steckrute***

Das Spitzenteil der Rute nehmen und die Montage in den Stonfo hängen.

Nacheinander von vorn nach hinten alle Rutenteile aufstecken und die Montage langsam entrollen lassen.

Die Rute dabei senkrecht nach oben halten.

***Tip:*** Die Länge der Montage sollte der Rutenlänge entsprechen, wobei das Vorfach überragen darf! Kontrollieren Sie den Haken auf Schärfe und Beschädigungen. Ist er verbogen oder unscharf, wechseln Sie das Vorfach gegen eines Ihrer Reservevorfächer aus! Stecken Sie einen Köder auf den Haken und setzen Sie nun die Pose in Entfernung der Rutenspitze ein: prüfen Sie, ob sie bis an den Ansatz der Antenne untertaucht. Wenn nicht, drücken Sie über der Vorfachschlaufe kleine Schrote auf die Schnur, bis die Pose korrekt steht!

*So sieht ein «professioneller» Stipp-Angelplatz aus!*

*Vier Posen auf Wickelbrettchen: Links 2 Posen für die Selbstherstellung der Montage mit allem Zubehör: Schnur, Torpillen, Bleischrote, Haken. Rechts zwei Fertigmontagen.*

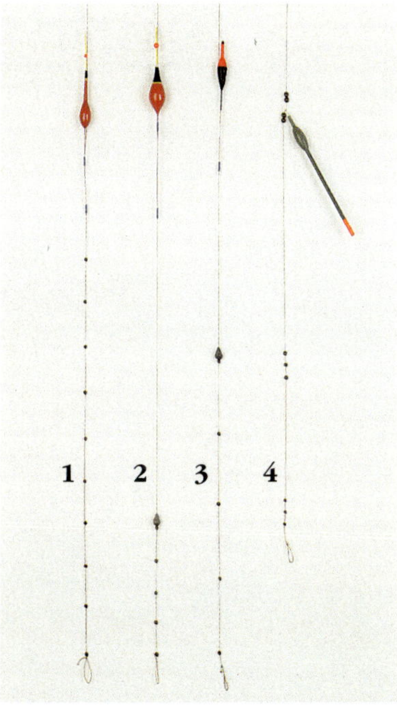


*Vier Posenmontagen: 1. schlanke Pose mit langer Schrotkette, 2. kompakte Tropfenpose mit Torpille und kurzer Schrotkette, 3. umgekehrter Tropfen mit Torpille und längerer Schrotkette – untere Schrote schleifen über Grund, 4. abgestufte Standard-Wagglermontage. In die Schlaufen wird das Vorfach eingeschlauft.*

***Montage:***
**Beringte Posenrute**

Steckrute vom Handteil her zusammenstecken.
Teleskoprute vom Spitzenteil her auseinanderziehen.
Rolle anbringen und auf festen Sitz überprüfen.
Schnur bei gelöster Rollenbremse durch die Ringe fädeln und bis zum Handteil der Rute zurückziehen.
Rute in einem Rutenhalter ablegen und Montage aufbauen:
Je nach Strömung und Wurfentfernung eine Pose auswählen (siehe Absatz *Kleine Posenlehre*).

***Festpose***
Pose in etwa 1 m Tiefe auf der Schnur befestigen: Schnur durch die Öse der Pose fädeln.
2 Posengummis auf die Schnur und dann auf den Posenkiel schieben – einer sitzt direkt unter dem Posenkörper, der andere am Ende des Kiels.
Eventuell eine Torpille auf die Schnur schieben.
Nacheinander Bleischrote wie erforderlich auf das Schnurende klemmen (Abstand: etwa 10 cm) und verteilen. Kleine Schlaufe in das Schnurende knüpfen.
Vorfach binden und einhängen.

***Laufpose***
Stopperknoten und Glasperle auf der Schnur anbringen.
Wagglerschuh oder Minikarabiner auf die Schnur schieben und Waggler anbringen.
1 Schrot andrücken und auf etwa 1 m Tiefe schieben.
Wie erforderlich Bleischrote auf die Schnur drücken und verteilen.
Schlaufe an das Schnurende knüpfen und Vorfach einhängen.

***Waggler***
2 Schrote andrücken und auf etwa 1 m Tiefe schieben.
Waggler mit Schuh oder Minikarabiner auf die Schnur schieben.
2 weitere Schrote andrücken und bis unter die Pose schieben (wichtig: etwa 2 cm Abstand zu den oberen Schroten lassen!).
3 mittlere Schrote andrücken und in etwa 50 cm Tiefe gruppieren.
3 kleinere Schrote andrücken.
Schlaufe binden und Vorfach einhängen.

***Alle***
Köder auf den Haken stecken. Pose einsetzen und Bleimenge kontrollieren: eventuell nachbleien, bis nur noch die Antenne zu sehen ist.

*Ein Matchrutenangler bei der «Arbeit»!*

*Eine ideale Stelle für den Bolognese-Angler!*

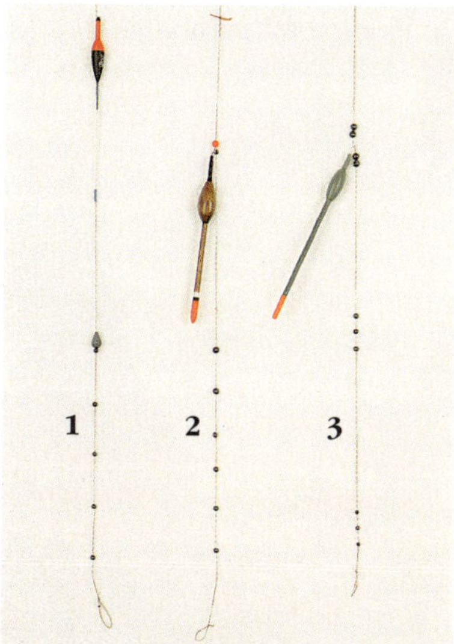


*Drei Standard-Posenmontagen:*
*1. Stipperpose, 2. Waggler als Laufpose,*
*3. Waggler fest montiert.*

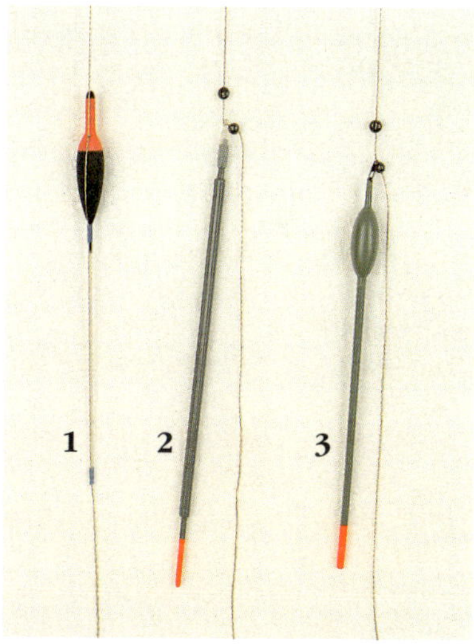


*So werden die Posen an der Schnur befestigt: 1. Stipperpose, 2. Waggler mit Posenschuh, 3. Waggler mit Mini-Karabiner.*

***Montage:***
**Leichte Grundrute**

Rutenteile zusammenstecken, bzw. auseinanderziehen.
Bißanzeiger befestigen: Zitterspitze oder Gewinde der Schwingspitze einschrauben.
Rolle anbringen und auf festen Sitz überprüfen.
Schnur bei gelöster Rollenbremse durch die Ringe fädeln und bis zum Handteil der Rute zurückziehen.
Rute in einem Rutenhalter ablegen und Montage aufbauen:

***Standard-Grundmontage 1***
Schnurlaufperle mit Einhänger (Link Leger Bead) auf die Schnur fädeln.
Mehrzweckstopper auf der Hauptschnur befestigen.
Leichtes Grundblei oder kleines Futterkörbchen in dem Einhänger befestigen.
Haken an die Hauptschnur binden.
Stopper 30 cm bis 50 cm über den Haken schieben.

***Standard-Grundmontage 2***
Röhrchen mit Einhänger auf die Schnur fädeln.
Wirbel an das Schnurende binden (ein Wirbel mit Karabiner, in den das Vorfach eingehängt wird, ist für den Anfang einfacher. Später werden Wirbel ohne Karabiner verwendet, das Vorfach wird dann mit einem Grinnerknoten direkt an den Wirbel gebunden).
In den Einhänger des Röhrchens ein Grundblei einhängen, das zur Wurfweite und zur Strömung paßt.
Statt Grundblei kann ein Futterkörbchen eingehängt werden.

***Paternoster-Montage***
50 cm Schnur von der Vorfachspule schneiden (1 Stärke geringer als Hauptschnur).
Mit einem Wasserknoten das Vorfach etwa 20 cm bis 30 cm über dem Ende in die Hauptschnur binden.
An das Ende der Hauptschnur ein Grundblei oder alternativ ein Futterkörbchen binden.
An das Ende des Vorfachs einen Haken binden.
Die Anwendung der einzelnen Montagen wird im Kapitel *Die Angelpraxis* näher erläutert!

*Zwei Schwingenspitzruten warten auf den Biß.*

*Ein gut geordneter Angelplatz mit leichten Grundruten. Vor der englischen Sitzkiepe der Futterbeutel mit der Mischung für die Fütterkörbchen!*

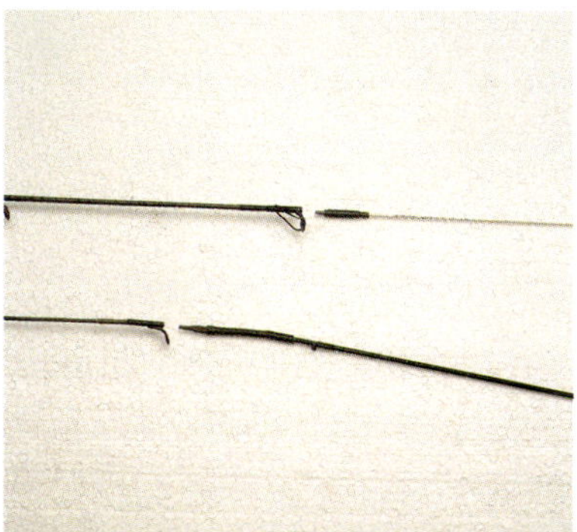

*Eine Schwingspitze oder Zitterspitze wird an die Spitze der leichten Grundrute geschraubt.*

*Standard-Grundmontage 1 und 2 mit Futterkörbchen oder Seitenblei und Paternostermontage.*

### *Montage:*
### Schwere Grundrute

Rutenteile zusammenstecken, bzw. auseinanderziehen.
Rolle anbringen und auf festen Sitz überprüfen.
Schnur bei gelöster Rollenbremse durch die Ringe fädeln und bis zum Handteil der Rute zurückziehen.
Rute in einem Rutenhalter ablegen und Montage aufbauen:

#### *Friedfisch-Montage*
Kurzen Feeder Boom (Blei-Einhänger oben!) oder lange Anti Tangle-Tube (Blei-Einhänger unten!) auf die Schnur fädeln.
Gummiperle auffädeln.
Wirbel an das Schnurende knoten.
Vorfach an das freie Wirbelöhr binden.
Grundblei – Gewicht nach Bedarf – in den Einhänger hängen.
Alternativ können beide Versionen auch als Fluchtmontage eingesetzt werden, wenn vor dem Röhrchen oder der Tube ein Stopperknoten und eine Glasperle auf der Schnur angebracht werden!

#### *Raubfisch-Grundmontage*
Feeder Boom auf die Schnur fädeln.
Gummiperle auffädeln.
Starken Wirbel mit Karabiner an das Schnurende binden.
Grundblei – Gewicht nach Bedarf – in den Einhänger hängen.
Raubfisch-Vorfach mit Drillingshaken in den Karabiner hängen.

#### *Raubfisch-Montage mit Pose*
Stopperknoten und Glasperle auf der Schnur anbringen.
Laufpose auffädeln.
2. Stopperknoten und Perle etwa 1 m über Schnurende anbringen.
Bleikugel – Gewicht passend zur Pose – auffädeln.
Gummiperle auffädeln.
Starken Wirbel mit Karabiner an das Schnurende binden.
Raubfisch-Vorfach mit Drillingshaken in den Karabiner hängen.
Die Anwendung der einzelnen Montagen wird im Kapitel *Die Angelpraxis* näher erläutert!

*Zwei schwere Karpfenruten – und alles, was dazugehört!*

*Zwei mechanische Bißanzeiger und die richtige Schnurführung.*

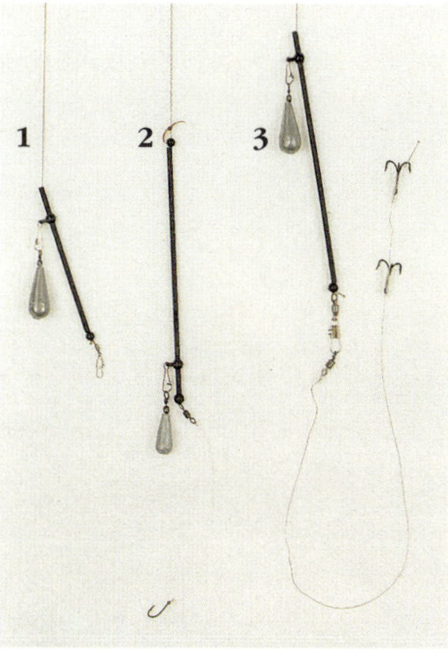


*Drei Grundmontagen: 1. Laufbleimontage mit Röhrchen, 2. Fluchtmontage mit Anti Tangle-Tube und Stopperknoten, 3. Raubfischmontage mit Röhrchen und Stahlvorfach mit Drillingshaken.*

*Raubfischmontage mit Laufpose. Über der Pose ein Stopperknoten, mit dem die Tiefe eingestellt wird, in der der Köder schwebt.*

***Montage:***
**Spinnrute**

Rutenteile zusammenstecken, bzw. auseinanderziehen.
Rolle anbringen und auf festen Sitz überprüfen.
Schnur bei gelöster Rollenbremse durch die Ringe fädeln und bis zum Handteil der Rute zurückziehen.
Wirbel mit Karabiner an das Ende der Hauptschnur binden.
Schlaufe des Vorfachs (Kevlar oder Stahl) in den Karabiner hängen.
Z.B. Weichköder auf einen Haken mit Bleikopf schieben oder anderen Kunstköder wie Wobbler oder Spinner auswählen.
Kunstköder in den Karabiner am unteren Ende des Vorfachs hängen.
Rollenbremse wie übrigens bei allen Angelarten wieder anziehen – aber nur soweit, daß ein Fisch im Drill noch Schnur von der Spule ziehen kann!

*Ein Spinnfischer bereitet sich auf den großen Fang vor!*

*So wird ein Gummifisch auf den Bleikopf-Haken geschoben.*

*Die fertige Spinn-Montage: Der Weichköder mit Haken und Stahlvorfach.*

# *Die Angelpraxis:* *Wie wir die Fische finden, locken, fangen und versorgen*

## Angelstelle aussuchen

Zur Auswahl eines Gewässers und einer guten Strecke: Lassen Sie sich im nächstgelegenen Angelgeschäft beraten, während Sie dort z.B. Ihre Köder kaufen. Der Händler gibt Ihnen wertvolle Tips! Wenn Sie am Wasser einen Angler treffen – scheuen Sie sich nicht, ihn höflich(!) zu befragen. Angler sind meist freundlich und hilfsbereit, wenn Sie sich nicht zu aufdringlich verhalten! An welchen Strecken sich die Fische bevorzugt tummeln, wurde schon in den Kapiteln über die Gewässer und die Fische erwähnt. Mit einiger Erfahrung bekommen Sie einen Blick dafür, welche Stellen erfolgreich sein könnten! Gute *Fließwasserstellen* sind Einmündungen, Warmwasserzuleitungen, Schleusen, Wehre, Rinnen, Scharkanten, Bauten wie Stege, Brückenpfeiler etc. und Zonen mit Wasserpflanzen. Gute *Stillwasserstellen* sind Scharkanten, ausgedehnte Bereiche mit Wasserpflanzen, Inseln, Einmündungen und überragende oder abgesunkene Bäume und Sträucher.

*Erfolgversprechende Angelstellen an einem Fließgewässer: Verankerte Boote, eine Ausbuchtung, eine Einmündung, Brückenpfeiler, überwachsene Uferkanten.*

Wenn Sie sich für eine Strecke entschieden haben, suchen Sie eine Stelle, an der Sie Ihre Geräte standfest aufbauen können. Sie muß weit genug vom nächsten Angler entfernt sein, um ihn nicht zu belästigen. Sie muß groß genug sein, damit Sie nicht die Ufervegetation beschädigen. Die nächsten Wasserpflanzen links und rechts müssen weit genug entfernt sein, damit sich nicht jeder gehakte Fisch in ihnen festläuft. Über und hinter Ihnen muß genügend Abstand zu den Bäumen sein, damit Sie Ihre Rute gefahrlos auswerfen können!

## Gewässergrund erkunden

Bevor Sie Ihren Angelplatz aufbauen, sollten Sie herausfinden, ob sich das Wasser vor Ihnen überhaupt beangeln läßt. Der Boden könnte ein großes Schlammloch sein oder er könnte mit abgebrochenen Bäumen oder anderem Gerümpel bedeckt sein, an dem Ihre Montagen hängenbleiben und abreißen!

Montage zur Erkundung des Gewässergrundes: Bauen Sie eine Rute mit Rolle auf, ziehen Sie die Schnur durch die Ringe und binden Sie ein Grundblei von 20 bis 30 g an. Werfen Sie das Blei bis hinter Ihre geplante Angelstelle, lassen Sie es absinken und holen Sie mit langsamen Kurbelumdrehungen die Schnur wieder ein, wobei Sie das Blei langsam über den Grund schleifen lassen. Wiederholen Sie dies mit Würfen, die jeweils nach links oder rechts versetzt sind. Werfen Sie so die gesamte Fläche Ihrer Angelstelle und deren Umgebung ab und Sie erfahren, ob dort Hindernisse liegen, ob es tiefe Faulschlammzonen gibt oder ob der Boden fest ist und wo eventuelle Scharkanten abfallen.

*So erkunden wir unsere Angelstelle (ovale Markierung): Die Kreuze markieren die Einwurfstellen, von denen aus wir das Wurfblei langsam über Grund ziehen.*

## Angelstelle aufbauen

Nähern Sie sich Ihrer Angelstelle leise und unauffällig und nutzen Sie dabei jede natürliche Deckung. Stampfende Schritte erschüttern den Boden und vertreiben die Fische! Ein sitzender Angler ist unauffälliger – verwenden Sie deshalb einen Sitz wie Kiepe oder Angelstuhl (außer zum Spinnfischen). Bauen Sie ihn so auf, daß er fest steht und nicht wackelt. Bauen Sie Ihr Landenetz auf und legen Sie es in Griffnähe ab, ohne daß es sich verhängen kann.
Stecken Sie die Erdspieße mit den Rutenauflegern so tief in den Boden, daß sie fest stehen. Treiben Sie die Spieße nicht mit harten Schlägen ein – Sie würden alle Fische verscheuchen! Bei Kanalufern, vor Spundwänden und auf Stegen lassen sich keine Erdspieße in den Boden bringen. Spezialisten verwenden hier ein Rutenpodest (Rod Pod) oder ein Dreibein, die sich beide auf jedem Boden standfest abstellen lassen. Legen Sie Ihre Rute(n) immer in Griffweite neben Ihrem Angelstuhl ab!
Alles Zubehör, das Sie während des Angelns ständig brauchen (Hakenlöser, Zange, Ködernadel, Köder, Futter und Katapult) legen Sie in der Nähe Ihrer freien Hand ab – also links, wenn die rechte Ihre Rutenhand ist! Bauen Sie nun Ihre Angelrute auf wie im Kapitel *Die Montagen* beschrieben.

*Mit diesen Hilfsmitteln bauen wir überall unsere Ruten sicher und standfest auf: Erdspieß für weichen Grund, Dreibein und Rod Pod für Stege und andere feste Böden.*

*So aufgebaut wird der Kescher im entscheidenden Moment nicht an einer Wurzel hängenbleiben!*

## Tiefe ausloten mit der Posenrute

### *Ausloten*

Da der Posenangler seinen Köder meist am Grund anbietet, muß die

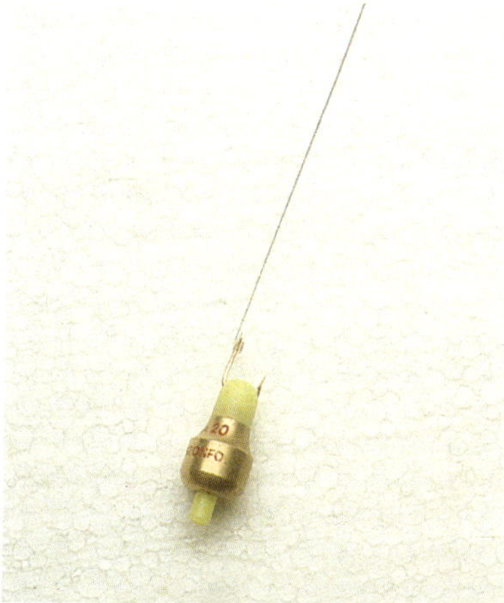

*Das Lotblei am Haken.*

Gewässertiefe sehr genau ausgelotet werden. Befestigen Sie dazu ein Lotblei am Haken und setzen Sie die Montage auf Ihrer Angelstelle ein. Verschwindet die Pose, ist sie zu flach eingestellt – schieben Sie die Pose höher, also weiter weg vom Haken. Legt sie sich flach auf das Wasser, ist sie zu tief eingestellt und Sie schieben die Pose herunter in Richtung Haken. Die Tiefeneinstellung ist korrekt, wenn die Pose aufrecht steht und nur ihre Antenne zu sehen ist! Loten Sie nicht nur einen Punkt, sondern die ganze Strecke, die Sie beangeln wollen, um sich über Unebenheiten im Boden zu informieren!

### *Tiefeneinstellung*

Wenn Sie die richtige Tiefe gefunden haben, stellen Sie die Pose als Grundeinstellung so ein, daß die ganze Länge der Montage frei unter der Pose hängt und der Haken gerade den Boden berührt. Diese Grundeinstellung markieren Sie mit Tipp-Ex auf der Rute, um sie jederzeit wiederzufinden, wenn Sie die Pose verschoben haben. Wenn Sie die Pose 5 bis 10 cm höherschieben, schleift der Köder über Grund. Wenn mit dem umgekehrten Trop-

*So wird die Pose korrekt ausgebleit:*
*links – zuwenig Schrot auf der Schnur, mitte – zuviel, rechts – genau richtig!*

fen auch das unterste Schrot nachschleifen soll, um den Lauf der Pose zu verzögern, schieben Sie die Pose um die entsprechende Schnurlänge höher. Genauso bei einer Wagglermontage, damit sie im Stillwasser nicht abgetrieben wird.
Um die Tiefe so einzustellen, daß ein Schrot auf Grund liegt, Lotblei an das betreffende Schrot klemmen und Pose entsprechend einstellen.

***Tip:*** Zur Markierung den Haken in den Rollenbügel hängen, die Schnur straffen und die Rute zurückschieben, bis Sie die Pose erreichen, dann einen Punkt Tipp-Ex neben der Pose auf die Rute geben.

## Technik des Anfütterns

Durch Anfüttern verstärken Sie den Reiz des Hakenköders, locken damit die Fische zu Ihrer Angelstelle, versetzen sie in Freßstimmung und halten sie am Platz. Den Hakenköder bieten Sie direkt auf der Futterstelle an. Um sie immer wiederzufinden, merken Sie sich für die Links-Rechts-Orientierung eine markante Stelle gegenüber wie z.B. einen bestimmten Baum, die Sie bei jedem Wurf anvisieren. Für die Entfernung merken Sie sich eine bestimmte Spiegelung im Wasser – aber werfen Sie dabei immer aus der gleichen Position!
Für den Stippangler ist die Orientierung leicht – er fischt in Höhe seiner Rutenspitze oder auf maximaler Länge der Schnur. Und beim Nachfüttern nimmt er seine Pose als Zielhilfe!
Beachten Sie, daß Futter in einem Fluß nach dem Einwurf abgetrieben wird. Sie werfen es also oberhalb Ihrer Angelstelle ein – je stärker die Strömung, desto weiter stromauf! Schwere Futterbälle sinken schneller zum Grund als mit dem Katapult eingeschossene Futterpartikel wie Maden, Weizen, Mais, Boilies oder Kichererbsen, die daher bei starker Strömung erheblich weiter abgetrieben werden (Hanf dagegen ist schwer und sinkt schnell). Nach dem Füttern müssen Sie die Fische suchen – dort, wo sie verstärkt beißen, dürfte das Futter liegengeblieben sein!
Mit Grundfutterbällen locken Sie Schwarmfische wie Plötze, Rotfeder, Brassen und Aland. Mit Futterpartikeln locken Sie je nach Menge ebenfalls Schwarmfische, aber gezielt auch einzelne, größere Fische wie Schleie, Karpfen, Döbel oder Barbe. Füttern Sie generell eher sparsam, bis Sie genügend Erfahrung haben! Futter soll die Fische *locken,* nicht *sättigen*. Zuviel Futter wird nicht gefressen, sondern verfault am Grund und schädigt das Gewässer!

*Für die Richtung unserer Würfe orientieren wir uns an dem markanten Ast gegenüber – für die Entfernung peilen wir die auffällige Spiegelung im Wasser an.*

## Einwerfen der Montage

### *Die Stipprute*

Für das Einsetzen der Pose neben der Rutenspitze halten Sie mit Ihrer freien Hand das Vorfach über dem Haken. Mit der Rutenhand halten Sie die Stippe waagerecht über das Wasser. Mit einem leichten Aufwärtsschwung der Rute lassen Sie das Vorfach los und schnellen die Montage vorwärts. Bei fließendem Wasser werfen Sie leicht stromab und ziehen die Pose zurück.

Für weite Würfe heben Sie die Rute senkrecht bis über die Schulter zurück, lassen die Schnur dabei frei hängen und schwingen die Rute nach vorn – die Montage landet gestreckt vor Ihnen auf dem Wasser und die Pose treibt in maximaler Reichweite.

### *Die Rollenrute*

Für den *Unterarmwurf* greifen Sie mit dem Zeigefinger der Rutenhand die Schnur über der Rolle, öffnen den Bügel und halten mit der freien

Hand das Vorfach. Die Rute zeigt zum Wasser und ist leicht abwärts geneigt. Nun ziehen Sie die Rute mit weichem Schwung nach oben und geben das Vorfach frei. Gleichzeitig geben Sie auch die Schnur an der Rolle frei, damit sie ungehindert von der Spule laufen kann. Nach dem Absinken der Montage schließen Sie den Rollenbügel.

Für den *Überkopfwurf* die Schnur durch Eindrehen mit der Kurbel verkürzen. Die Schnur über der Rolle fixieren und den Bügel öffnen. Ziehen Sie die Rute senkrecht hoch und über die Schulter nach hinten. Achten Sie darauf, daß die Schnur frei hängt und sich nicht um die Rutenspitze wickelt! Rute nun schwungvoll nach vorne ziehen und gleichzeitig mit dem Zeigefinger an der Rolle die Schnur freigeben. Kurz vor dem Einschlag der Montage bremsen Sie den Flug mit dem Finger an der Spule leicht ab, damit sich die Montage streckt und das Vorfach nicht verhängt. Nach dem Absinken der Montage den Bügel schließen!

***Tip:*** Ich empfehle Ihnen, sich das Werfen von einem erfahrenen Angler am Wasser zeigen zu lassen und seinen Anleitungen direkt vor Ort schrittweise zu folgen. Ein Buch ist nur ein ungenügendes Hilfsmittel, um die Wurftechnik mit allen Feinheiten zu vermitteln!

*Unterarmwurf: Rollenbügel öffnen und Schnur mit dem rechten Zeigefinger halten.*

*Rute waagerecht nach vorne halten und mit der Spitze auf die Angelstelle zielen, mit der linken Hand das Vorfach halten.*

*Rute nach oben schnellen lassen und gleichzeitig die Schnur mit dem Zeigefinger und die Montage links freigeben.*

*Überkopfwurf: Rollenbügel öffnen und Schnur mit dem rechten Zeigefinger halten. Rute langsam bis hinter den Kopf heben bis 13 oder 14 Uhr-Stellung.*

*Rute schnell nach vorne schwingen und Schnur etwa bei 11 Uhr freigeben.*

## Anschlag und Drill

Wenn Ihr Bißanzeiger durch Abtauchen der Pose, bzw. Ausschlagen der Zitterspitze, der Schwingspitze oder des Swingers signalisiert, daß ein Fisch den Köder genommen hat, setzen Sie den Anhieb. Viele Fische prüfen den Köder vor der Aufnahme und Sie lernen rasch, den richtigen Zeitpunkt zu erkennen! Damit die Schnur beim Anhieb nicht reißt, achten Sie während des Fischens stets auf eine gespannte Schnur – es darf sich kein Schnurbogen bilden! Den Anhieb setzen Sie gefühlvoll und dosiert. Wenn Sie im Nahbereich fischen, reicht meist ein entschiedenes Anheben der Rute, um den Fisch zu haken. Für den Drill ziehen Sie die Rute dosiert bis über die Schulter zurück und senken sie dann wieder, während Sie die Schnur einkurbeln. Zieht der Fisch zu stark, erlauben Sie ihm mit einer nicht zu hart eingestellten Bremse, bei durchgebogener Rute Schnur von der Spule zu ziehen. Läßt sein Widerstand nach, pumpen Sie ihn wieder zurück und nehmen dabei die verlorene Schnur auf, bis er vor Ihnen in Reichweite des Keschers schwimmt. Achten Sie während des Drills darauf, daß die Schnur immer straff gespannt ist und Sie den Fisch spüren! Wenn Sie den direkten Kontakt durch nachlassende Schnurspannung verlieren, kann sich der Fisch vom Haken schlagen!

## Landen und versorgen

Nehmen Sie nun mit der freien Hand den Kescher und schieben Sie ihn vorsichtig bis zum Ansatz des Stiels in das Wasser. Erst wenn der Fisch sich widerstandslos an der Oberfläche zeigt, ziehen Sie ihn über das Netz und heben den Kescher sofort an. Angeln Sie dabei niemals mit dem Kescher nach dem Fisch! Heben Sie einen größeren Fisch nicht mit dem Kescherstiel aus

*Der Fisch am Haken wird über den Kescherrand geführt.*

*Der Kescher wird zurückgezogen und an kurzem Stiel aus dem Wasser gehoben.*

dem Wasser – ziehen Sie den Kescher so zurück, daß der Fisch dabei im Wasser bleibt!
Legen Sie die Rute in den Haltern ab und greifen Sie nun den Kescher an den Bügeln, um ihn herauszuheben. Feuchten Sie am Keschernetz Ihre Handfläche an und greifen Sie den Fisch fest hinter den Kiemendeckeln. Mit der anderen Hand lösen Sie mit Hilfe eines Hakenlösers oder einer Arterienklemme den Haken. Entweder setzen Sie den Fisch nun vorsichtig wieder zurück oder Sie betäuben ihn als Beute für den Kochtopf mit einem Schlag des Fischtöters auf die Schädeldecke in Höhe der Kiemenbögen. Anschließend töten Sie ihn mit einem Herzstich, indem Sie das Messer zwischen den Brustflossen ansetzen und schräg nach oben in Richtung Rückenflosse stechen.
Große Fische wie Karpfen oder Hecht legen Sie besser auf einer gut angefeuchteten speziellen Versorgungsmatte (Unhooking Mat) für Großfische ab, die Sie neben Ihrem Angelplatz ausbreiten. Sie haben nun beide Hände zum Hakenlösen frei und der Fisch verletzt sich nicht! Wenn Sie wollen, fotografieren Sie den Fisch auf seiner Unterlage oder lassen sich von einem anderen Angler fotografieren, während Sie den Fisch halten. Knien Sie dabei vor der Matte und halten Sie den Fisch mit beiden Händen so, daß er in möglichst geringer Höhe über der Matte schwebt. Stehen Sie niemals beim Fotografieren, damit der Fisch nicht zu Schaden kommt, wenn er Ihnen einmal aus den Händen gleitet!

*So wird der Fisch vom Haken gelöst.*

*Ein besonders schöner Fang, den wir als Foto bewahren wollen, wird mit dem tropfnassen Kescher auf die Versorgungsmatte gelegt und vom Haken befreit. Beim Fotografieren wird er nur leicht über die Matte gehalten.*

## Messen und Wiegen

Wenn Sie einen kapitalen Fisch gefangen haben, messen Sie auf der Versorgungsmatte seine Länge vom vorderen Rand der Lippe bis zum äußersten Ende der Schwanzflosse. Feuchten Sie den Wiegesack an und hängen ihn an die Waage. Justieren Sie die Waage so, daß ihr Zeiger auf Null steht. Nun schieben Sie den Wiegesack vorsichtig unter den Fisch und hängen ihn in die Waage ein. Heben Sie die Waage an, bis der Fisch frei hängt, und lesen Sie das Gewicht ab. Wenn Sie Wert darauf legen, tragen Sie die gemessenen Daten für Ihre persönliche Buchführung in ein Fangbuch ein! Spezialisten tragen den lebenden und unverletzten Fisch nun im Wiegesack zum Wasser und setzen ihn vorsichtig zurück!

*Die Fischlänge messen.*

*Den Fisch im nassen Wiegesack an die Waage hängen und wiegen.*

### *Einsatz:* Stipprute

Sie haben sich einen Angelplatz an einem ruhig fließenden Gewässer ausgesucht. Die Stelle ist günstig – keine Bäume behindern Ihre lange Stippe. Ihr Sitz steht fest und gerade, damit Sie über einige Stunden bequem sitzen. Alle Gerätschaften liegen in Griffweite, die Stippe haben Sie aufgebaut und die Montage an ihrer Spitze eingehängt. Neben der Rutenspitze haben Sie zwei Futterbälle eingeworfen.

So wie im Absatz *Einwerfen der Montage* beschrieben, setzen Sie nun die Pose über Ihrer Futterstelle ein, nachdem Sie zwei Maden am Haken befestigt haben. Die Tiefe ist sorgfältig ausgelotet und an Ihrer Pose so eingestellt, daß der Köder knapp über Grund hängt und die Montage von der Strömung mitgetragen wird. Die Tiefeneinstellung markieren Sie mit einem Punkt Tipp Ex auf der Rute. Sie legen sie in der Gabel an Ihrer Kiepe ab und bereiten weitere Futterbälle vor. Aber seien Sie vorsichtig beim Aufstehen, solange die Rute in der Gabel liegt – das Gewicht kann die Kiepe vornüber kippen lassen!

Schon nach wenigen Minuten merken Sie, daß die zuvor eingeworfenen Futterbälle ihre Wirkung tun: Die Pose schlägt hin und wieder mit ruckhaften Bewegungen seitlich aus. Dies sind Fische, die sich eifrig auf das Futter stürzen und dabei gegen Ihre Bleischrote rempeln. Die Pose zuckt jetzt dreimal nach unten, dann taucht die Antenne ab. Ihr Anhieb wird mit hektischem Flattern der Montage beantwortet und Sie ziehen eine kleine Plötze an die Oberfläche, die Sie schnell versorgen und zurücksetzen. Sie wissen nun, daß sich ein Schwarm junger Plötzen auf Ihrem Futter tummelt. Völlig planmäßig, denn sie sind oft die ersten Fische, die sich an einer Futterstelle melden – abgesehen von vereinzelten Barschen.

Nachdem Sie nun mit der treibenden Pose die nächsten 60 Minuten mehrere kleine Plötzen gefangen haben, zeigt das Verhalten der Pose, daß es sich bei dem nächsten Biß um einen anderen Fisch handeln muß. Nach mehreren Zupfern taucht die Pose auf und legt sich auf das Wasser. Ihr Anhieb sagt Ihnen sofort, daß Sie es mit einem größeren Fisch zu tun haben: Der erste Brassen zeigt sich nach einem kurzen, scharfen Drill an der Oberfläche. Sie schieben die Pose nun einige Zentimeter höher und verzögern den Lauf der Pose durch Zurückhalten an der gespannten Schnur.

Und wieder fangen Sie einen Brassen. Nun wissen Sie, daß sich ein Schwarm hungriger Brassen eingefunden hat, der nur mit einer größeren Menge Futter zu halten ist. Sie füttern also zwei Futterbälle nach und lassen die Pose nun unbeweglich an der Rutenspitze hängen. Sie halten die Rute ruhig und lassen die Pose nicht mehr treiben, denn Brassen lieben ruhig liegende Köder! Dennoch kommt die nächste Zeit kein Biß. Sie folgern, daß die Strömung Ihre Montage hochdrückt, während Sie die Pose halten, und Sie deshalb 10 cm tiefer stellen müssen. Sofort beißt der nächste Brassen – Ihre Überlegung war also richtig!

***Tip:*** Dieses Beispiel aus der Angelpraxis veranschaulicht Ihnen den klassischen Ablauf an einem beliebigen Angeltag und es zeigt Ihnen, wie Sie Ihre ersten Fische fangen! Alles weitere ergibt sich mit Ihrer wachsenden Erfahrung. Wenn Sie nicht den gewünschten Erfolg haben – geben Sie sich nicht mit einem schlechten Ergebnis zufrieden! Lesen Sie noch einmal alle betreffenden Teile des Buches durch und überlegen Sie gründlich, was Sie vielleicht falsch gemacht haben könnten. Am nächsten Angeltag versuchen Sie, es besser zu machen und Sie werden sehen – der Erfolg bleibt nicht aus!

*Ein schönes Gefühl, wenn sich die Rute biegt!*

***Einsatz:*** 
**Beringte Posenrute**

Sie haben sich an einem größeren Fließgewässer für die lange *Bolognarute* entschieden und Ihren Rucksack auf dem flachen Ufer abgelegt. Köderschachteln, Futterbeutel und Kescher sind griffbereit, den Hakenlöser haben Sie sich an einer Schnur um den Hals gehängt. Nun montieren Sie eine kompakte Tropfenpose, befestigen das Blei auf der Schnur und bringen das Vorfach an. Sie wollen in etwa 15 m Entfernung fischen und schätzen

*Mit der langen Rute die Pose in der Strömung tanzen lassen!*

die Tiefe auf etwa 1,50 m. Sie bereiten zwei Futterbälle vor, die Sie besonders fest drücken und vor dem Wurf kurz in das Wasser tauchen, damit sie nicht im Flug auseinanderbrechen und rasch zum Grund absinken.
Sie werfen die Pose ein und benutzen sie nun als Zielhilfe für Ihre Futterbälle, die Sie ebenfalls einwerfen. Die Pose treibt frei durch und Sie schließen daraus, daß Ihr Haken nirgends Grundberührung hat. Sie stellen die Pose bei jedem Durchlauf 20 cm tiefer, bis sie gelegentlich leicht verzögert vornüberkippt und damit signalisiert, daß der Haken über den Boden schleift. Treibt sie dennoch ungehindert weiter, sobald Sie die Schnur straffen und sie leicht zurückhalten, stimmt die Tiefe und Sie markieren die Stellung der Pose mit einem Punkt Tipp Ex auf der Rute. Nun sollte es nicht lange dauern, bis der erste Fisch im Kescher Ihnen beweist, daß Ihre Taktik richtig ist!
Bei Ihrem nächsten Angelausflug möchten Sie einen See mit Ihrer kurzen *Matchrute* befischen. Es weht ein leichter Wind und Sie entscheiden sich daher für einen Waggler als Pose. Ist das Wasser bis 2 m tief, montieren Sie den Waggler fest – über 2 m Tiefe montieren Sie ihn als Laufpose, wie in *Montage: Beringte Posenrute* beschrieben.
Sie haben Ihren Sitz aufgestellt und alles griffbereit ausgelegt. Den vorderen Rutenhalter haben Sie so flach gestellt, daß die Rutenspitze etwa 20 cm weit in das Wasser ragt. Durch gründliches Loten haben Sie eine Scharkante in 20 m Entfernung entdeckt, auf der Sie Ihr Futter plazieren – nicht zuviel, denn es wird von keiner Strömung abgetrieben! Die Tiefe haben Sie mit Tipp-Ex auf der Rute markiert. Nun werfen Sie mit einem zügigen Überkopfwurf die Montage bis über die Futterstelle hinaus, tauchen die Rutenspitze 1 m tief in das Wasser und kurbeln mit raschen Umdrehungen die Pose bis zur Futterstelle zurück – die Schnur zwischen Rute und Pose wird dabei unter Wasser gezogen. Nun legen Sie die Rute in den Haltern ab. Der Wind wird nicht mehr in die Schnur greifen und die Montage von der Futterstelle treiben können!
Es ist ein warmer Sommertag und Sie wollen die erfrischende Kühle der Abendstunden nutzen, um mit einem quicklebendigen Laubwurm einen großen Brassen zu fangen. Vor der Dämmerung bauen Sie deshalb Ihre Wagglermontage ab und montieren noch bei Tageslicht eine Knicklicht-Leuchtpose. Aber erst wenn es dunkelt, tauschen Sie die Nylonantenne gegen ein Knicklicht aus! Damit Sie auch im Dunkeln sicher sind, daß Ihre Montage auf der Futterstelle stehenbleibt, ohne abzutreiben, stellen Sie die Pose so tief, daß die unteren Schrote, die Sie etwas enger zusammengerückt haben, auf Grund liegen.
Die Richtung für Ihre Würfe finden Sie leicht, denn der markante Baum, den Sie sich gegenüber merken, wird auch im Dunkeln gut zu erkennen sein! Sie können sich allerdings nicht mehr an Spiegelungen auf dem Wasser orientieren. Deshalb markieren Sie die genaue

Entfernung mit einem Stopperknoten, den Sie nach dem Wurf über der Rolle auf die Schnur knoten. Auch im Dunkeln hören Sie beim Wurf, wenn der Knoten durch die Ringe saust. Nach dem Aufschlag der Pose kurbeln Sie wieder zurück, bis der Knoten direkt über der Rolle sitzt. Nun sind Sie sicher, daß die Pose auf der Futterstelle steht!

***Tip:*** Diese Techniken lassen sich beliebig variieren und werden Ihnen an vielen Gewässern den gewünschten Erfolg bringen. Wenn nicht – beherzigen Sie den *Tip* in *Einsatz: Stipprute!*

*Romantisches Mondlicht und ein Knicklicht auf der Pose.*

*Pose über die Futterstelle hinauswerfen, Rutenspitze in das Wasser tauchen und mit kurzen Rucken zurückkurbeln, bis die Schnur unter Wasser gezogen ist und die Pose über der Futterstelle steht.*

*Rute so ablegen, daß die Rutenspitze unter Wasser liegt.*

***Einsatz:***
**Leichte Grundrute**

Die Zitterspitze und die Schwingspitze zeigen Bisse ebenso fein an wie die Pose, wobei wir den Köder aber so anbieten, daß er unbeweglich auf dem Grund liegenbleibt. Häufig ist das ein Vorteil: Viele größere Fische bevorzugen ein unbewegtes Angebot und in den kühleren Monaten, wenn sich die Fische in tieferes Wasser zurückziehen, sind sie so träge, daß sie nur auf unbewegte Köder reagieren. In der Handhabung ist die feine Grundangelei einfacher als die Posenrute.

Sie kommt mit deutlich weniger Zubehör aus und ist dabei fast ebenso erfolgreich – entsprechend weit ist die Methode heute bei uns verbreitet. Für den Anfänger eine idealer Weg, seine ersten anglerischen Erfahrungen zu sammeln!

Die *Zitterspitze* läßt sich in Seen und bei Strömung einsetzen – mit Wechselspitzen verschiedener Härte wird die Rute der Situation angepaßt: Weiche Spitzen zeigen im Stillwasser jeden Zupfer. Härtere Spitzen biegen sich auch bei Strömung nicht zu stark.

Bisse werden durch mehr oder weniger starke Zupfer an der Spitze angezeigt. Den richtigen Zeitpunkt zum Anschlagen findet man im Laufe der Zeit mit wachsender Erfahrung heraus – meistens ist es richtig, wenn man wartet, bis sich ein entschiedener Zug an der Spitze zeigt!

*Direkt vor den Seerosen ist ein guter Platz für große Fische!*

*Eine schönere Umgebung läßt sich für die Feederrute kaum denken!*

Sie eignet sich besonders gut für das Beangeln von Schwarmfischen – in Verbindung mit einem Futterkörbchen ist sie unübertroffen! Sie kann in jeder erreichbaren Entfernung eingesetzt werden. Im Stillwasser und im Nahbereich eines Fließwassers wird sie parallel zum Ufer aufgebaut – die Schnur läuft im rechten Winkel aus der Rute bis zur Futterstelle. Im Fließwasser drückt bei größerer Entfernung die Strömung auf die Schnur. Deshalb wird die Rute so aufgebaut, daß sie steil nach oben ragt und dabei möglichst viel Schnur aus dem Wasser hält, um den Druck zu verringern.
Mit dem Futterkörbchen füttern Sie immer direkt an Ihrem Haken und wenn Sie mit jedem Wurf das gleiche «Planquadrat» treffen, bauen Sie nach und nach eine Futterstelle auf, an der Sie die Fische halten! Beidseitig offene Körbchen füllen Sie mit Grundfutter-Mischung, die geschlossenen nur mit Maden.
Wichtig ist für eine deutliche Bißanzeige, die Schnur bis zum Grundblei immer straff gespannt zu halten!
Die *Schwingspitze* eignet sich für Seen und leichte Strömung. Mit Ködern wie Tauwurm oder Teig ist sie gerade bei größeren, mißtrauischen Fischen wie Schleien, Großbrassen oder Karpfen erfolgreich, weil sie bei dem leichten Gewicht der Spitze keinen Widerstand spü-

ren. Bisse zeigen sich durch mehr oder weniger starkes Heben der Spitze. Hebt sie sich energisch und bleibt oben, schlagen wir an!
Auch die Schwingspitze wird parallel zum Ufer aufgebaut – bei Strömung so, daß der Angler wie auch bei der Zitterspitze in Strömungsrichtung sitzt. Weite Würfe läßt die Schwingspitze nicht zu – sie muß vorsichtig geworfen werden, damit sich die Spitze nicht um die Rute wickelt! Mit einem Unterarmwurf erreichen Sie leicht die maximale Entfernung in Verbindung mit einem Grundblei von 20 g.

Meist wird sie ohne Futterkörbchen nur mit Grundblei montiert: Auf die geringe Entfernung von maximal 25 m bereitet es kein Problem, präzise anzufüttern und die Futterstelle mit jedem Wurf zu treffen. Gefüttert wird entweder mit eingeworfenen Futterbällen oder losen Partikelködern, die Sie mit dem Katapult einschießen.

***Tip:*** Achten Sie immer auf eine gut gespannte Schnur, damit Sie deutliche Bißsignale bekommen!

*In der Strömung wird die Rute steil hochgestellt, damit möglichst wenig Schnur im Wasser liegt und der Strömungsdruck entsprechend gering bleibt.*

***Einsatz:***
**Schwere Grundrute**

***Tip:*** Mit der schweren Grundrute befischen Sie die Großen und Starken unserer Gewässer wie kapitale Barben, Grasfische und Karpfen und die Räuber Aal, Zander, Hecht und Wels. Der Anfänger sollte sich diesen Fischen erst nähern, wenn er mit kleinerer Beute genügend Erfahrung gesammelt hat. Das Risiko, diese schönen Aristokraten unserer Gewässer zu verangeln, ist bei einem Anfänger zu groß! Wenn Sie es mit Kapitalen aufnehmen wollen, schließen Sie sich bei den ersten Versuchen einem erfahrenen Angelpartner an. Sie lernen mit seiner Anleitung mehr als nur die Grundkenntnisse! Es ist überaus hilfreich, einen Könner an seiner Seite zu haben, wenn der erste Zwanzigpfünder an Ihren Nerven gezerrt, denn Sie bekommen auf einen Schlag mehr Adrenalin als Ihre Knie vertragen – seien Sie gewiß!

Im Unterschied zu den vorher beschriebenen Methoden werden beim schweren Grundangeln zwei bis drei Ruten eingesetzt, die Sie nebeneinander direkt neben Ihrem Angelstuhl ablegen. Der Aufbau vollzieht sich im wesentlichen wie in den vorigen Kapiteln beschrieben. Die Ruten zeigen immer zum Wasser – die Spitzen je nach Strömung mehr oder weniger angehoben, um die Schnur vom Wasserdruck zu entlasten. Die Bißanzeiger bringen Sie an dem vorderen Spieß an. Der Biß teilt sich durch Heben oder Senken des Bißanzeigers mit – bei entschiedener Bewegung schlagen Sie an.

Beim Angeln auf Großfische wird generell kein Grundfutter-Mix gefüttert – Sie würden damit nur

*Der Karpfenangler liebt es bequem und entspannt!*

Schwärme von kleineren Fischen an Ihren Haken locken. Für Friedfische füttern Sie Futterpartikel wie im Kapitel *Die Köder* beschrieben. Viele Raubfischangler füttern nicht an – es spricht jedoch nichts dagegen, auch Hecht und Co. mit Fischfetzen zu locken, die Sie mit dem Katapult im Umkreis Ihres Hakenköders verteilen.

Setzen Sie beim Karpfenangeln im Bereich bis zu 25 m eine Laufbleimontage ein, bei der das Blei frei auf der Schnur laufen kann. Auf Distanz versuchen Sie es mit einer Fluchtmontage, bei der Sie das Blei festgesetzt haben.

Beim Angeln auf Raubfische ist es sehr erfolgreich, den toten Köderfisch mit einer Posenmontage zu präsentieren – etwa 1 m bis 1,50 m unter der Pose. Raubfische nähern sich auf der Jagd ihrer Beute von unten und greifen dann blitzartig hochstoßend zu. Wenn es an keiner der erfolgversprechenden Stellen zu einem Biß kommt, oder ungünstige Strömung die Pose ins Abseits treibt, versuchen Sie es mit einer Grundmontage. Beachten Sie dabei die unterschiedliche Befestigung des Köders!

Damit der Köderfisch auftreiben kann, soweit es das 80 cm lange Vorfach erlaubt, füllen Sie ihn durch das Maul mit Luft – eine Einwegspritze mit dicker Nadel erhalten Sie in der Apotheke!

*Unter der Posenmontage: Der Köderfisch wird mit einem Haken des Drillings unter der Rückenflosse befestigt.*

*An der Grundrute: Der Drilling wird in der Oberlippe eingestochen. Falls ein zweiter Drilling verwendet wird, sitzt er im hinteren Teil der Flanke.*

Wenn Sie den ersehnten Biß erhalten, schlagen Sie zügig an – die hier beschriebenen Montagen haken den Fisch auch mit einem raschen Anhieb! Wenn Sie einen Raubfisch im Kescher geborgen haben, legen Sie die Rute ab und hängen Sie das Vorfach am Karabiner aus, bevor Sie das Netz ans Ufer tragen.

***Einsatz:***
**Spinnrute**

Richten Sie Ihre Gerätezusammenstellung nach den Fischen, die Sie zu erwarten haben: für Barsche und mittlere Zander eine leichte Rute, an der Sie die Bewegungen der entsprechend kleinen Köder spüren, für größere Beute eine starke Rute und große Köder.
Um es auf einen kurzen Nenner zu bringen: Ihr Erfolg hängt davon ab, dem Räuber an der richtigen Stelle (meist in seinem Jagdrevier) zur richtigen Zeit (wenn er aktiv ist) den richtigen Köder (den man durch Versuche herausfindet) in der richtigen Tiefe (abhängig von der Jahreszeit und davon, welche Beute er gerade jagt) mit der richtigen Führung (also möglichst reizvoll und lebendig) anzubieten.

Gehen wir diesen *«5 Richtigkeiten»* im einzelnen genauer nach:

1. *Die richtige Stelle:* Durch Beobachtung erkundet der Spinnfischer die Jagdreviere der Räuber, die sich häufig durch ihr Platschen an der Oberfläche oder durch panisch flüchtende Beutefische bemerkbar machen. Im Sommer findet man sie in geringerer Tiefe, während sie sich im Winter in die tiefen Zonen im Freiwasser zurückziehen.

2. *Die richtige Zeit:* Durch intensive Beobachtung erfahren Sie nicht nur wo, sondern auch wann die Räuber aktiv sind! Oft lassen sie sich morgens oder vor der Abenddämmerung, aber auch bei gewitterschwülem Wetter auf der Jagd beobachten.

3. *Der richtige Köder:* Hier helfen, abgesehen von der persönlichen Erfahrung, nur einige Faustregeln. Neue Köder sind häufig sehr erfolgreich, solange sie noch nicht allzu oft eingesetzt wurden. Auch ein Wechsel zu ungewöhnlichen Farben hilft oft! Man sagt: Trübes Wasser und trübes Wetter = helle Köder. Klares Wasser und klares Wetter = dunkle Köder. Für die Farbe der Köder gilt als Grundregel: Der Kunstköder soll möglichst den am häufigsten vertretenen Beutefisch des Räubers imitieren. Die riesige Palette der Weichköder hat sich bisher als extrem fängig erwiesen: Reizschwänze, Silikonfische und Tierimitationen lösen mit ihren lebendig flatternden Anhängseln den Jagdtrieb der Räuber aus.

4. *Die richtige Tiefe:* Eine Jagdtechnik der Räuber besteht darin, in tieferem Wasser zu lauern, um plötzlich hochzustoßen und sich Beutefische aus den oberen Schichten zu greifen. Und Zander jagen gern unter einer gekräuselten Oberfläche. Hier bringen flach laufende Köder den Erfolg wie z. B. flach geführte Spinner oder Schwimmwobbler mit abwärts gerichteter Schaufel.
Wenn diese Taktik keinen Fisch an den Haken bringt, reizen Sie in der Tiefe ruhende Raubfische

*Sink- und Schwimmwobbler.*

mit einem tief laufenden Sinkwobbler (flach stehende Schaufel) oder einem Silikonfisch mit vorgeschalteter Bleikugel, aber ohne Bleikopf am Haken. Wenn ein Weichköder mit Bleikopf verwendet wird, richtet sich das Gewicht des Bleikopfes nach der Weite der Würfe und der Tiefe, die erreicht werden soll.

5. *Die richtige Führung:* Der Köder wird ausgeworfen und Sie warten, bis er auf die gewünschte Tiefe abgesunken ist. Generell werden alle Kunstköder, und besonders Weichköder, langsam geführt (außer beim Fischen auf Rapfen).
Meist ist auch eine tiefe Führung am erfolgreichsten. Ziehen Sie jeden Köder erst vor Ihren Füßen durch flaches Wasser, damit Sie beobachten können, bei welchem Tempo er besonders lebendig läuft!
Unter Köderführung verstehen wir, das Lauftempo des Köders zu variieren, den Köder durch Heben und Senken der Rute auf und ab taumeln zu lassen, ihn hüpfend über den Grund zu zupfen oder ihn seitlich hin und her zu führen. Alle Bewegungen werden zart und fein dosiert ausgeführt – hektische Bewegungen würden auch den gierigsten Räuber verschrecken!

*Der Spinnfischer verbreitet immer einen Hauch Romantik!*

## ***Die Köder und Futter:*** *Was wir den Fischen anbieten*

### Tierische Köder

***Maden***

Hauptköder des Posenanglers, aber auch für leichte Grundrute (Futterkörbchen). Sie fangen alle Friedfische, werden aber gezielt hauptsächlich auf Schwarmfische wie Plötzen und Brassen, aber auch Schleien und Barben eingesetzt. Maden sind in zwei Größen im Handel: die große *Fleischmade* als Standardköder, die kleine *Pinkie* als Köder für kühleres Wasser oder wenn die Fische beißfaul sind.

*Maden sind für Frauen kein verführerischer Anblick – für Fische schon!*

Möglichst frisch kaufen: zu erkennen an dem dunklen Magenfleck in ihrem Innern! Lagerung im Kühlfach zwischen – 2 und + 2 Grad. Anköderung: an der stumpfen Seite zwischen den beiden Punkten am äußersten Endzipfel, damit sie nicht auslaufen.

***Laubwürmer***

Der Universalköder schlechthin – gut geeignet für die Grundrute beim Angeln auf alle Friedfischarten. Nur lebhafte Würmer verwenden – schlaffe Würmer aussortieren. Lagerung im Kühlschrank bei + 4 bis + 6 Grad. Anköderung: Haken um den stärkeren Leibring ziehen.

*Die klassischsten aller klassischen Angelköder: Laubwürmer und dicke Tauwürmer.*

***Tauwürmer***

Sehr fängig an der Grundrute (besonders mit Schwingspitze) auf große Exemplare aller Friedfische – besonders Brassen, Döbel, Schleie, aber auch große Aale. Nur frische, aktive Würmer verwenden. Lagerung im Kühlschrank bei + 4 bis + 6 Grad. Anköderung: 2/3 des Wurms auf den Haken und bis auf das Vorfach schieben, damit die freien Enden nicht zu lang sind.

***Köderfisch und Fischfetzen***
Döbel, Zander, Aal und Barsch lassen sich von Fischfetzen locken, die wir aus einem frisch getöteten Fisch schneiden und an einem Raubfischvorfach mit einem großen Einzelhaken oder Drilling anködern.

*Die klassischen Raubfischverführer: Fischfetzen und kleine Köderfische.*

Schlanke Fischarten wie Barsch, Plötze und Rotfeder, aber auch Seefische wie kleine Makrelen, Hering und Stint und generell alle Jungfische zwischen 10 und 20 cm können getötet im ganzen angeboten werden für große Räuber wie Hecht, Wels und Zander. Anköderung: Raubfischvorfach mit zwei Drillingen.

## Pflanzliche Köder

***Brot***
Frisches, dunkles Brot ist an der Posenrute ein sehr fängiger Universalköder für alle Friedfische. Zu verwenden entweder als Kügelchen, das aus der Brotscheibe gerissen und zwischen zwei Fingern gerollt und geknetet wird oder als Flocke, die mit dem Bread Punch hakengerecht ausgestochen wird. Nicht für weite Würfe geeignet, da es sich leicht vom Haken löst!

***Teig***
Universalköder für alle Friedfische von Plötze bis Karpfen, der sich dank seiner höheren Festigkeit auch für die Grundrute eignet. Es werden gute Fertigteige angeboten, die meisten Angler stellen ihn jedoch selber her! Sehr aromatischer Teig läßt sich schnell und billig aus Zwieback herstellen: mit

*Die Köderpalette für den Friedfischangler: Brot, Kartoffeln, Teigkugeln, Mais, Käse und Boilies.*

Wasser anfeuchten und kneten. Durch Einkneten von Haushaltsmehl läßt sich die Festigkeit erhöhen. Beim Anködern die Hakenspitze freilassen!

***Mais***
Süßer Büchsenmais ist ein extrem fängiger Universalköder für nahezu

alle Friedfische, der auch große Exemplare bis zu schweren Karpfen fängt: Ein einzelnes Korn auf kleinem Haken für die Posenrute, mehrere Körner auf großem Haken für die Grundrute geeignet. Ideal auch als «Cocktail» in Verbindung mit einer Made!

### *Käse*

Stark riechender Schnittkäse eignet sich für fast alle Friedfische. Günstig ist es, passende Stücke mit dem Bread Punch auszustechen. Da Käse im Wasser nachhärtet, beim Anködern unbedingt die Hakenspitze freilassen! Wegen seiner Festigkeit auch gut für weite Würfe geeignet.

### *Kartoffel*

Früher sehr verbreiteter Friedfischköder, der auch heute noch Erfolg bringen kann. Mit Bread Punch hakengerechte Stücke ausstechen oder kleine Kartoffeln im ganzen mit Ködernadel auf das Vorfach ziehen (Karpfen!).

### *Boilies*

Der Erfolgsköder der Karpfenangler! Für den Anfänger ist zu empfehlen, sich Fertigboilies zu kaufen (erfolgreich: Fruchtaroma wie Erdbeere und Fischaroma). Später wird sich der Spezialist die Boilies mit eigenem Rezept selbst herstellen. Anköderung: Ideal für die Haarmontage (mit Ködernadel).

## Grundfutter

### *Paniermehl-Mischung*

Bei allen Grundfuttermischungen werden verschiedene Mehle zusammengemischt. Die Basis ist meist

*Die Futtermischung für den Anfang: Fertigmischung, Aromapulver und Wasser.*

Paniermehl. Die Trockenmischung wird mit soviel Wasser vermischt, daß sich Bälle formen lassen. Für den Gelegenheitsangler werden fängige Fertigmischungen angeboten, denen nur noch das Wasser fehlt. Preisgünstiger ist es, sich einen Sack Paniermehl zu kaufen, dem ein kleiner Anteil Aroma-Fertigmischung zugegeben wird.

Die Futterbälle sollen beim Wurf nicht auseinanderbrechen und möglichst bis zum Grund absinken, um sich dort zu lösen. Um ihnen eine stärkere Bindung zu geben, kann man dem noch trockenen Paniermehl Haferflocken (vorsichtig dosieren – bindet stark!), Biskuitmehl oder Lehmpulver zugeben. Dann nach Bedarf Wasser einrühren. Vor dem Wurf den Ball in das Wasser tauchen, damit er eine festere Oberfläche erhält! Die Futtermischung wird ohne zusätzliche Bindemittel auch für die offenen Futterkörbchen benutzt. Dann sollte die Mischung allerdings etwas trockener sein – also weniger Wasser zugeben!

***Futterpartikel***
Alle kleineren Partikelköder lassen sich auch als Futter verwenden: Maden an der leichten Grundrute im Madenkörbchen oder als zusätzliches Lockmittel in der Grundfuttermischung. Weizen, Hanf und Kicherbsen können in großen Mengen gefüttert und auch als Hakenköder eingesetzt werden, da sie sehr billig sind und von den Fischen in großen Mengen gefressen werden – besonders, wenn mit ihnen 2 bis 3 Tage vor dem Angeln angefüttert wird (0,5 bis 2 kg täglich). Zur Zubereitung: Alle Körnerköder 24 Stunden in heißem Wasser quellen lassen (z.B. in der nur halb gefüllten Thermoskanne) und dann 15 bis 20 Minuten kochen. Auch mit Boilies kann 2 bis 3 Tage vorgefüttert werden. Kichererbsen sind als Köder ideal für die Haarmontage!

*Futterpartikel: Weizen, Kichererbsen, Hanf und eine Thermoskanne mit heißem Wasser, um die Partikel quellen zu lassen.*

## Kunstköder für den Spinnfischer

Der Besuch in einem Fachgeschäft zeigt, daß es Hunderte verschiedener Kunstköder gibt und alle fangen ihren Fisch! Wenn Sie in einem Gewässer fischen wollen, dessen momentanen Erfolgsköder Sie nicht kennen, ist es ratsam, sich von dem nächsten Angelhändler beraten zu lassen. Wichtig ist, sich bei jedem Kunstköder über die richtige Führung zu informieren, denn in der Führung liegt der Erfolg! Aus den nachfolgenden Ködergruppen sollten Sie sich ein kleines Grundsortiment zusammenstellen!

***Blinker und Spinner***
Aus Metall gefertigte Reizköder, deren Wirkung auf Lichtreflexen beruht, die bei ihrer Bewegung entstehen. An ihrem Ende ein größerer Drillingshaken.

***Fischimitationen***
Werden 1. als die bekannten Wobbler aus Holz oder Hartplastik ge-

fertigt. Durch die Stellung einer Tauchschaufel, die an ihrem Kopf befestigt ist, erreichen sie unterschiedliche Lauftiefe – von schwimmenden Oberflächenmodellen bis zu Tiefläufern. 2. Silikonfische, auch Wabbler genannt, werden auf Haken mit Bleikopf gezogen, die ihnen das nötige Wurf- und Tauchgewicht verleihen. Die spezielle Form und Beweglichkeit des Schwanzes gibt ihnen den besonderen Reiz.

***Weichköder***

Zu dem erfolgreichen Twisterschwanz ist inzwischen noch eine Vielzahl von Reizschwänzen in allen Farben, Formen und Größen gekommen, die ebenfalls auf Bleiköpfe gezogen werden. Neben den oben erwähnten Silikonfischen gibt es Imitationen aller Kleintiere, die im und am Wasser leben: Krebse, Mäuse, Frösche und reine Fantasiegebilde.

*Kunstködersortiment: Spinner und Blinker, Wobbler, Reizköder und Gummifische.*

# Rund um den Angelsport

Limouzin, Henri
**Handbuch für Angler**
2. Aufl., 308 S., 32 Farbabb., mehr als 350 Zeichn., geb.
**DM 59,-/sFr. 54.50/öS 431,-**
Bestell-Nr. **40993**

Limouzin, Henri u.a.
**Süßwasser-Angeln**
Alle Techniken in Wort und Bild
220 S., 264 Farbabb., geb.
**DM 79,-/sFr. 73,-/öS 577,-** Bestell-Nr. **41064**

Kluwe-Yorck, Vincent
**Karpfen**
200 S., 22 Farb-, 19 sw-Abb., 51 Zeichn., geb.
**DM 39,80/sFr.37,90/öS291,-**
Bestell-Nr. **41229**

Cederberg, Göran (Hrsg.)
**Fliegenfischen**
Die Traumgewässer der Welt
166 S., 137 Farbabb., geb.
**DM 59,-/sFr. 54.50/öS 431,-**
Bestell-Nr. **41080**

Cederberg, Göran (Hrsg.)
**Das große Buch vom Fliegenfischen**
237 S., mehr als 300 Farbabb., geb.
**DM 89,-/sFr82,-/öS 650,-** Bestell-Nr. **41010**

Cederberg, Göran (Hrsg.)
**Das große Buch vom Sportfischen**
2. Aufl., 284 S., mehr als 300 Farbabb., geb.
**DM 89,-/sFr82,-/öS 650,-**
Bestell-Nr. **40966**

Müller Rüschlikon Verlags AG · Gewerbestrasse 10 · CH-6330 Cham · Tel. 041 / 740 30 40 · Fax 041 / 741 71 15

# Technik ist alles...

Bredow, Klaus von
**Das große Buch vom Fliegenbinden**
3. Aufl., 292 S., 66 Farb-, 740 sw-Abb., geb.
**DM 78,00/sFr.72,00/ öS 569,-**
Bestell-Nr. **40771**

Gathercole, Peter
**Fliegenbinden**
192 S., 531 Farbabb., 28 Zeichn., geb.
**DM 49,80/sFr. 47,50/öS 364,-** Bestell-Nr. **41215**

Kluwe-Yorck, Vincent
**Fische fangen - Mit dem Bodenblei**
144 S., 9 Farb-, 24 sw-Abb., 24 Zeichn., geb.
**DM 29,80/sFr. 29.80/ öS 218,-**
Bestell-Nr. **41236**

Kluwe-Yorck, Vincent
**Fische fangen - Mit der Pose**
176 S., 18 Farbabb., 15 sw-Abb., 36 Zeichn., geb.
**DM 29,80/sFr. 29,80/ öS 218,-**
Bestell-Nr. **41235**

Garcia, L.A.
**Ruten selber bauen**
112 S., 92 Farbabb., geb.
**DM 29,80/sFr. 29.80/öS 218,-**
Bestell-Nr. **41204**

Buckland, John
**Handbuch der Kunstfliegen**
2. Aufl., 192 S., 98 Farbabb., geb.
**DM 26,80/sFr. 26,80/öS 196,-**
Bestell-Nr. **40932**